# POUR
# RÉUSSIR

## MATH 307-337

### PROBABILITÉS ET STATISTIQUES

**Collégial**

D1151578

**Lidia Przybylo**

# POUR
# RÉUSSIR

## MATH 307-337

### PROBABILITÉS ET STATISTIQUES

**Collégial**

L'essentiel de la matière
sous forme de questions et de réponses

**Données de catalogage avant publication (Canada)**

Przybylo, Lidia
   Math 307-337 : probabilités et statistiques
   (Pour réussir)
   Pour les étudiants du niveau collégial
   ISBN 2-89249-727-2
   1. Probabilités - Problèmes et exercices. 2. Statistiques mathématiques - Problèmes et exercices. I. Titre. II. Collection.
QA273.25.P79 1998     519.2'076        C98-941247-4

Éditions du Trécarré
819, rue McCaffrey
Saint-Laurent (Québec)
H4T 1N3

Les Éditions du Trécarré remercient le gouvernement du Canada (Programme d'aide au développement de l'industrie de l'édition) et le gouvernement du Québec (Programme d'aide aux entreprises du livre et de l'édition spécialisée de la SODEC-Québec) pour leur soutien financier.

**ISBN 2-89249-727-2**

*Mise en pages* : Artur Przybylo
*Révision scientifique* : Sylwester Przybylo
*Révision linguistique* : Guy Bonin
*Correction d'épreuve* : Christian Bouchard

Dépôt légal : 1$^{er}$ trimestre 1999
Bibliothèque nationale du Québec

Imprimé au Canada
123456789  99 00 01 02 03

# TABLE DES MATIÈRES

**CHAPITRE**

# Analyse combinatoire

## 1 - Notions principales de l'analyse combinatoire

# NOTIONS PRINCIPALES DE L'ANALYSE COMBINATOIRE

- **Principe de multiplication**

  S'il existe $n_1$ façons différentes d'effectuer une première opération $O_1$, et si $O_1$ ayant été effectuée, il existe $n_2$ façons différentes d'effectuer une seconde opération $O_2$, alors il existe $n_1 \times n_2$ façons différentes d'effectuer ces deux opérations.

- **Principe d'addition**

  Si deux opérations $O_1$ et $O_2$ sont mutuellement exclusives, et s'il existe $n_1$ façons différentes d'effectuer l'opération $O_1$, et $n_2$ façons différentes d'effectuer l'opération $O_2$, alors il existe $n_1 + n_2$ façons différentes d'effectuer l'une ou l'autre de ces deux opérations.

- **Factorielle**

  Soit $n \in N$. Nous définissons la factorielle de $n$, notée $n!$, comme

  1.  $0! = 1$

  2.  $n! = n\,(n-1)!$   si $n > 0$

- **Propriétés de la factorielle**

  $P_1$: Si $n \in N^*$, alors $n! = n(n-1) \times ... \times 1$
  $P_2$: Si $k \in N$ et $n > k$, alors
    $n! = n(n-1) \times ... \times (n-k)!$

  Soit $E$ un ensemble formé de $n$ éléments distincts.

- **Permutation**

  Nous appelons permutation des éléments de $E$ une façon d'ordonner, sans répétition, les $n$ éléments de l'ensemble $E$.

  Le nombre total de permutations des $n$ éléments de $E$, que nous notons $P_n$, est donné par $P_n = n!$.

- **Combinaison**

  Nous appelons combinaison de $r$ éléments distincts choisis parmi les $n$ éléments de $E$ un choix non ordonné de ces $r$ éléments de $E$.

  Le nombre total de combinaisons de $r$ éléments distincts choisis parmi les $n$ éléments de $E$, que nous notons $C_n^r$ ou $\binom{n}{r}$, est donné par

  $$C_n^r = \frac{n!}{(n-r)!\, r!} \, .$$

- **Arrangement**

  Nous appelons arrangement de $r$ éléments distincts choisis parmi les $n$ éléments de $E$ un choix ordonné de ces $r$ éléments de $E$.

  Le nombre total d'arrangements de $r$ éléments distincts choisis parmi les $n$ éléments de $E$, que nous notons $A_n^r$, est donné par

  $$A_n^r = \frac{n!}{(n-r)!} \, .$$

- **Propriétés**

  Pour tout $n$ et $r$ naturels et tels que $r \le n$, nous avons

  $P_1$: $A_n^r = C_n^r r!$

  $P_2$: $C_n^r = C_n^{n-r}$

  $P_3$: $C_n^0 = C_n^n = 1$ , $C_n^1 = n$

  $P_4$: $C_n^{r-1} + C_n^r = C_{n+1}^r$ .

---

**REMARQUE**   La propriété $P_4$ nous permet de construire le triangle de Pascal qui est en quelque sorte une table des valeurs numériques de $C_n^r$ (voir le tableau sur la page suivante).

Le triangle se construit par un simple jeu d'additions; par exemple, la valeur numérique $C_5^2 = 10$ est obtenue à partir de $C_4^1 + C_4^2 = C_5^2$, donc, $4 + 6 = 10$.

---

Soit un ensemble $E$ à $n$ éléments comprenant $k$ familles (ou catégories).

- **Permutations d'objets non tous distincts**

Nous appelons permutation de $n$ éléments de $E$ toute suite constituée de $n$ éléments comprenant les $n_1$ éléments d'une première catégorie, $n_2$ éléments d'une deuxième catégorie, ..., et $n_k$ éléments d'une $k^e$ catégorie.

Le nombre de permutations est donné par

$$P(n; n_1, n_2, \ldots, n_k) = \frac{n!}{n_1! \, n_2! \times \ldots \times n_k!} .$$

- **Le binôme de Newton**

Soit $a$ et $b$ deux nombres réels. Pour tout $n \in N^*$

$$(a + b)^n = \sum_{r=0}^{n} C_n^r a^{n-r} b^r .$$

| $r$ / $n$ | 0 | 1 | 2 | 3 | 4 | 5 | ... |
|---|---|---|---|---|---|---|---|
| 0 | 1 | | | | | | |
| 1 | 1 | 1 | | | | | |
| 2 | 1 | 2 | 1 | | | | |
| 3 | 1 | 3 | 3 | 1 | | | |
| 4 | 1 | 4 | 6 | 4 | 1 | | |
| 5 | 1 | 5 | 10 | 10 | 5 | 1 | |
| ... | | | | | | | |

# Exercices

1. Trois routes relient A et C, deux autres routes relient A et B et quatre autres routes relient B et C (voir figure 1). De combien de façons différentes pouvons-nous :

a) **aller de A à C directement?**

b) **aller de A à C en passant par B?**

c) **aller de A à C?**

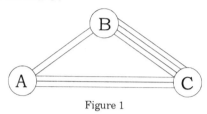

Figure 1

## SOLUTION

a) Ici, nous avons une seule opération :

$O_1$: aller de A à C directement.

Cette opération peut s'effectuer de trois façons différentes.

b) Aller de A à C en passant par B est une suite de deux opérations :

$O_1$: choisir un chemin allant de A à B;

$O_2$: choisir un chemin allant de B à C.

L'opération $O_1$ peut s'effectuer de deux façons différentes, et l'opération $O_2$, de quatre façons différentes. Par le principe de multiplication, il existe donc $2 \times 4 = 8$ façons différentes d'effectuer ces deux opérations.

MARQUE Lorsque nous faisons appel à la règle de multiplication, nous pouvons représenter les opérations à exécuter par un système de cases adjacentes. Chacune de ces cases représente une opération, et dans chacune d'elles nous inscrivons le nombre de façons d'effectuer l'opération qu'elle représente.

Ainsi, pour b), nous aurions :

$$\begin{array}{cc} O_1 & O_2 \end{array}$$

| 2 | 4 |
|---|---|

.

c)  Nous pouvons aller de A à C, soit directement *ou* en passant par B. Le «ou» doit immédiatement nous faire penser au principe d'addition. Ainsi, aller de A à C revient à envisager de faire l'une ou l'autre des opérations exclusives suivantes :

$O_1$: aller de A à C directement;

$O_2$: aller de A à C en passant par B.

Les opérations $O_1$ et $O_2$ peuvent s'effectuer respectivement de trois et de huit façons différentes. Par le principe d'addition, il existe donc 3 + 8 = 11 façons différentes d'effectuer l'une ou l'autre de ces opérations.

**RÉPONSE**

a)  3

b)  8

c)  11

2.  **À partir des chiffres 1, 3, 5, 6, 8 et 9, combien pouvons-nous former :**

   a)  **de nombres de quatre chiffres?**

   b)  **de nombres de six chiffres distincts?**

   c)  **de nombres de quatre chiffres distincts?**

   d)  **de nombres de chiffres distincts?**

   e)  **de nombres pairs de six chiffres supérieurs à 300 000?**

**SOLUTION**

a)  La formation d'un nombre de quatre chiffres se décompose en quatre opérations successives :

   $O_1$: choisir un premier chiffre;

   $O_2$: choisir un deuxième chiffre;

   $O_3$: choisir un troisième chiffre;

   $O_4$: choisir un quatrième chiffre.

Nous pouvons représenter ces opérations par des cases adjacentes :

$$O_1 \quad O_2 \quad O_3 \quad O_4$$

| | | | |
|---|---|---|---|
| | | | |

Pour remplir chacune de ces cases, nous devons trouver le nombre de façons différentes d'effectuer chacune des opérations. Puisque la répétition d'un même chiffre est permise, il y a six façons différentes d'effectuer l'opération $O_1$, six façons différentes d'effectuer l'opération $O_2$, six façons différentes d'effectuer l'opération $O_3$, et six façons différentes d'effectuer l'opération $O_4$. Ainsi, nous avons

$$O_1 \quad O_2 \quad O_3 \quad O_4$$

| 6 | 6 | 6 | 6 |
|---|---|---|---|

REMARQUE

Nous pouvons étendre l'application du principe de multiplication au cas d'un nombre d'opérations plus élevé. Ainsi, lorsqu'il y a $n_1$ façons différentes d'effectuer une première opération, et si $O_1$ ayant été effectuée, il y a $n_2$ façons différentes d'effectuer une deuxième opération $O_2$, et si $O_1$ et $O_2$ ayant été effectuées, il y a $n_3$ façons différentes d'effectuer une troisième opération $O_3$, et ainsi de suite jusqu'à une $k^e$ opération $O_k$, alors il y a $n_1 \times n_2 \times ... \times n_k$ façons différentes d'effectuer toutes ces opérations.

Par le principe de multiplication, nous trouvons qu'il y a
$6 \times 6 \times 6 \times 6 = 6^4 = 1\ 296$
nombres répondant à la question.

b) La formation d'un nombre de six chiffres se décompose en six opérations successives. La différence avec $a)$ est, qu'ici, les chiffres doivent être distincts. Il y a donc six façons différentes d'effectuer l'opération $O_1$, cinq façons différentes d'effectuer l'opération $O_2$, quatre façons différentes d'effectuer l'opération $O_3$, ..., et enfin une seule façon d'effectuer l'opération $O_6$. Ainsi, nous avons

| $O_1$ | $O_2$ | $O_3$ | $O_4$ | $O_5$ | $O_6$ |
|---|---|---|---|---|---|
| 6 | 5 | 4 | 3 | 2 | 1 |

et, par le principe de multiplication, nous trouvons qu'il y a
$6 \times 5 \times 4 \times 3 \times 2 \times 1 = 6! = 720$
nombres répondant à la question.

**REMARQUE** Nous pouvons écrire cette réponse comme $P_6$, c'est-à-dire qu'il s'agit du nombre de permutations des six éléments de l'ensemble A des chiffres disponibles (A = {1, 3, 5, 6, 8, 9}).

c) La formation d'un nombre de quatre chiffres distincts se décompose en quatre opérations :

$O_1$: choisir un premier chiffre parmi les six chiffres distincts (six façons différentes);

$O_2$: choisir un deuxième chiffre parmi les cinq chiffres distincts (cinq façons différentes);

$O_3$: choisir un troisième chiffre parmi les quatre chiffres distincts (quatre façons différentes);

$O_4$: choisir un quatrième chiffre parmi les trois chiffres distincts (trois façons différentes).

Ainsi, nous avons

| $O_1$ | $O_2$ | $O_3$ | $O_4$ |
|---|---|---|---|
| 6 | 5 | 4 | 3 |

et, par le principe de multiplication, nous trouvons qu'il y a
$6 \times 5 \times 4 \times 3 = 360$
nombres répondant à la question.

**REMARQUE** Chaque nombre de quatre chiffres distincts est un arrangement de quatre éléments pris parmi six éléments de l'ensemble {1, 3, 5, 6, 8, 9}. Nous pouvons donc former

$$A_6^4 = \frac{6!}{(6-4)!} = \frac{6!}{2!} = 6 \times 5 \times 4 \times 3 = 360$$

nombres de quatre chiffres distincts à partir des chiffres 1, 3, 5, 6, 8 et 9.

d) Nous pouvons former des nombres composés d'un chiffre *ou* de deux chiffres distincts *ou* de trois chiffres distincts *ou* ... *ou* de six chiffres distincts. Les «ou» doivent nous faire penser au principe d'addition. Ainsi, la formation d'un nombre composé de chiffres distincts revient à envisager de faire l'une ou l'autre des opérations mutuellement exclusives suivantes :

$O_1$: former un nombre d'un chiffre;

$O_2$: former un nombre de deux chiffres distincts;

$O_3$: former un nombre de trois chiffres distincts;

...

$O_6$: former un nombre de six chiffres distincts.

Le nombre de façons différentes d'effectuer l'opération $O_r$, pour $r = 1, 2, ..., 6$, correspond au nombre d'arrangements de $r$ éléments pris parmi six (comparer la remarque contenue dans la solution du problème précédent). Nous avons

$$A_6^r = \frac{6!}{(6-r)!} \text{ , alors}$$

| $O_1$ | ou | $O_2$ | ou | $O_3$ | ou | $O_4$ | ou | $O_5$ | ou | $O_6$ |
|---|---|---|---|---|---|---|---|---|---|---|
| 6 | | 30 | | 120 | | 360 | | 720 | | 760 |

Ainsi, il y a
6 + 30 + 120 + 360 + 720 + 720 = 1 956
nombres répondant à la question.

e) La formation d'un nombre pair de six chiffres supérieur à 300 000 peut être décomposée en trois opérations successives :

$O_1$: choisir le premier chiffre parmi les chiffres supérieurs ou égal à 3 (le nombre formé doit être supérieur ou égal à 300 000); cette opération peut s'effectuer de cinq façons différentes;

$O_2$: choisir les quatre chiffres qui suivent (chaque chiffre est pris parmi les six, car la répétition d'un même chiffre est permise); cette opération peut s'effectuer de $6^4$ façons différentes;

$O_3$: choisir le dernier chiffre parmi les chiffres pairs; cette opération peut s'effectuer de deux façons différentes.

Ainsi, nous avons

| $O_1$ | $O_2$ | $O_3$ |
|-------|-------|-------|
| 5 | 1 296 | 2 |

et, par le principe de multiplication, nous trouvons qu'il y a
$5 \times 1\ 296 \times 2 = 12\ 960$
nombres répondant à la question.

**RÉPONSE**

a)  1 296

b)  720

c)  360

d)  1 956

e)  12 960

3.  **Un collège compte 10 portes. De combien de façons cinq élèves :**

    a)  **peuvent-ils y entrer?**

    b)  **peuvent-ils y entrer et en sortir?**

    c)  **peuvent-ils y entrer par des portes différentes?**

**SOLUTION**

a)  La situation se décompose en cinq opérations successives :

   $O_1$: le premier élève choisit une porte et entre dans le collège; cette opération peut s'effectuer de 10 façons différentes;

   $O_2$: le deuxième élève choisit une porte et entre dans le collège; cette opération peut s'effectuer de 10 façons différentes;

   ...

   $O_5$: le cinquième élève choisit une porte et entre dans le collège; cette opération peut s'effectuer de 10 façons différentes.

   Ainsi, nous avons

| $O_1$ | $O_2$ | $O_3$ | $O_4$ | $O_5$ |
|-------|-------|-------|-------|-------|
| 10 | 10 | 10 | 10 | 10 |

et, par le principe de multiplication, nous trouvons que les élèves peuvent entrer au collège de

$10 \times 10 \times 10 \times 10 \times 10 = 10^5$

façons différentes.

b) La situation peut être décomposée en deux opérations successives :

$O_1$: cinq élèves entrent dans le collège; cette opération s'effectue de $10^5$ façons différentes;

$O_2$: cinq élèves sortent du collège; cette opération peut s'effectuer de $10^5$ façons différentes.

Ainsi, nous avons

| $O_1$ | $O_2$ |
|-------|-------|
| $10^5$ | $10^5$ |

et, par le principe de multiplication, nous trouvons que les élèves peuvent y entrer et en sortir de

$10^5 \times 10^5 = 10^{10}$

façons différentes.

c) La différence avec *a)* est, qu'ici, les élèves doivent choisir des portes différentes, alors l'opération $O_1$ ayant été effectuée, il existe neuf façons différentes d'effectuer l'opération $O_2$, huit façons différentes d'effectuer l'opération $O_3$, ... . Nous pouvons donc remarquer qu'il s'agit tout simplement du nombre d'arrangements de 5 éléments (5 élèves choisissent 5 portes différentes) pris parmi les 10 portes disponibles, soit

$A_{10}^5 = \dfrac{10!}{(10-5)!} = 30\,240.$

**RÉPONSE**

a) $10^5$

b) $10^{10}$

c) 30 240

4. **Trouver $n$ si :**

   a) $A_n^4 = 42A_{n-2}^2$ ;

   b) $C_n^{14} = C_n^6$ .

## SOLUTION

a)
$$A_n^4 = 42 A_{n-2}^2 \Leftrightarrow \frac{n!}{(n-4)!} = 42\,\frac{(n-2)!}{(n-4)!}$$

$$\Leftrightarrow n! = 42\,(n-2)!$$
$$\Leftrightarrow n\,(n-1)(n-2)! = 42\,(n-2)!$$
$$\Leftrightarrow n^2 - n - 42 = 0$$
$$\Leftrightarrow (n-7)(n+6) = 0$$

Puisque $n$ doit être positif, alors $n = 7$.

b) Il est très difficile de résoudre ce problème en développant les expressions de chaque côté. C'est pourquoi nous utiliserons une propriété (la symétrie) du triangle de Pascal qui est une table de valeurs numériques de $C_n^r$ :

   si $r \leq n$, alors $C_n^r = C_n^{n-r}$ .

   Si nous posons $r = 14$ et $n - r = 6$, nous trouvons immédiatement $n = 20$.

## RÉPONSE

a) $n = 7$

b) $n = 20$

5. **Dans une brasserie, les gens peuvent manger soit assis sur de hauts tabourets alignés devant le bar, soit assis sur des chaises disposées autour de tables circulaires. Six personnes arrivent à la brasserie pour y manger. De combien de façons différentes l'hôte peut-il les faire asseoir :**

   a) **côte à côte au bar?**

   b) **autour d'une même table?**

## SOLUTION

a) Le travail de l'hôte se décompose en six opérations successives :

$O_1$: choisir une personne parmi les six et la faire asseoir sur le premier tabouret; cette opération peut s'effectuer de six façons différentes;

$O_2$: choisir une personne parmi les cinq restantes et la faire asseoir sur le deuxième tabouret; cette opération peut s'effectuer de cinq façons différentes;

...

$O_6$: faire asseoir la dernière personne sur le sixième tabouret; cette opération peut s'effectuer d'une seule façon.

Ainsi, nous avons

| $O_1$ | $O_2$ | $O_3$ | $O_4$ | $O_5$ | $O_6$ |
|---|---|---|---|---|---|
| 6 | 5 | 4 | 3 | 2 | 1 |

et, par le principe de multiplication, nous trouvons qu'il y a
$6 \times 5 \times 4 \times 3 \times 2 \times 1 = 6! = 720$
façons différentes de faire asseoir ces personnes.

 **REMARQUE** Le nombre de façons différentes de faire asseoir $n$ personnes distinctes sur $n$ sièges alignés est $P_n = n!$, donc le nombre de permutations de $n$ éléments distincts.

b)

 **REMARQUE** Considérons les deux situations suivantes (voir figure 2) :

Situation 1 : six personnes sont assises dans une rangée.

Situation 2 : six personnes sont assises autour d'une table ronde.

Situation 1

| $P_1$ | $P_2$ | $P_3$ | $P_4$ | $P_5$ | $P_6$ |
|---|---|---|---|---|---|

Figure 2

Situation 2

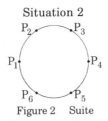

Figure 2    Suite

Nous effectuons les changements de places suivants :
$P_1$ prend la place de $P_2$, $P_2$ celle de $P_3$, $P_3$ celle de $P_4$, ..., $P_6$ celle de $P_1$ (voir figure 3).

Situation 1

| $P_6$ | $P_1$ | $P_2$ | $P_3$ | $P_4$ | $P_5$ |
|-------|-------|-------|-------|-------|-------|

Situation 2

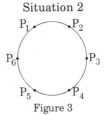

Figure 3

Après ces changements, nous constatons que dans la situation 1 les personnes ne sont plus disposées de la même manière les unes par rapport aux autres. Cependant, dans la situation 2, rien n'est changé, les personnes étant toujours placées de la même façon. Cela s'explique par le fait que, autour d'une table ronde, il n'y a ni début ni fin entre les sièges.

Ainsi, quand nous voulons trouver le nombre de façons différentes de faire asseoir $n$ personnes dis-tinctes autour d'une table ronde, nous devons d'abord faire asseoir une des $n$ personnes et ensuite trouver le nombre de façons différentes de placer les $(n-1)$ autres par rapport à elle. C'est ce que nous appelons le nombre total de permutations circulaires de $n$ personnes distinctes, et ce nombre est $(n-1)!$.

Par la remarque précédente, nous avons
$(6 - 1)! = 5! = 120$
façons différentes de faire asseoir les personnes autour d'une table ronde.

**RÉPONSE**

a)  720

b)  120

6. **De combien de façons différentes cinq garçons et trois filles peuvent-ils :**

   a) **s'asseoir dans une rangée de huit chaises?**

   b) **s'asseoir si deux filles veulent absolument occuper les extrémités de la rangée?**

   c) **prendre place si les garçons veulent s'asseoir les uns à côté des autres et de même pour les filles?**

   d) **prendre place si seulement les garçons veulent s'asseoir chacun l'un à côté de l'autre?**

   e) **s'asseoir si Marie et Pierre, qui font partie du groupe, veulent absolument être côte à côte?**

**SOLUTION**

a)  Nous cherchons le nombre de façons de faire asseoir cinq garçons et trois filles, donc huit personnes distinctes, dans une rangée de huit chaises distinctes. Ce nombre correspond au nombre de permutations des huit éléments distincts, donc $P_8 = 8! = 40\ 320$.

b)  Nous pouvons considérer les deux opérations successives suivantes :

   $O_1$: faire asseoir les deux filles qui veulent occuper les extrémités de la rangée; cette opération peut s'effectuer de deux façons différentes;

   $O_2$: faire asseoir les six personnes (une fille et cinq garçons) sur les six chaises; cette opération peut s'effectuer de 6! façons différentes.

   Ainsi, nous avons

$$\begin{array}{cc} O_1 & O_2 \\ \hline 2 & 6! \\ \hline \end{array}$$

et, par le principe de multiplication, nous trouvons qu'il y a
$2 \times 6! = 1\ 440$
façons différentes d'effectuer ces deux opérations.

c) Nous pouvons considérer les trois opérations successives suivantes :

$O_1$: placer les cinq garçons côte à côte pour former le «bloc des garçons»; cette opération peut s'effectuer de 5! façons différentes (il s'agit de nombre de permutations des cinq éléments distincts);

$O_2$: placer les trois filles côte à côte pour former le «bloc des filles»; cette opération peut s'effectuer de 3! façons différentes (il s'agit de nombre de permutations des trois éléments distincts);

$O_3$: ordonner ces deux blocs; cette opération peut s'effectuer de 2! façons différentes.

Ainsi, nous avons

$$\begin{array}{ccc} O_1 & O_2 & O_3 \\ \hline 5! & 3! & 2! \\ \hline \end{array}$$

et, par le principe de multiplication, nous trouvons qu'il y a
$5! \times 3! \times 2! = 1\ 440$
façons différentes d'effectuer ces trois opérations.

d) Nous pouvons considérer les trois opérations successives suivantes :

$O_1$: placer les cinq garçons côte à côte pour former le «bloc des garçons»; cette opération peut s'effectuer de 5! façons différentes;

$O_2$: placer le «bloc des garçons» dans la rangée de huit chaises; cette opération peut s'effectuer de quatre façons différentes (les garçons peuvent occuper les chaises de 1 à 5, de 2 à 6, de 3 à 7 ou de 4 à 8);

$O_3$: placer les trois filles sur les trois chaises disponibles; cette opération peut s'effectuer de 3! façons différentes.

Ainsi, nous avons

| $O_1$ | $O_2$ | $O_3$ |
|-------|-------|-------|
| 5!    | 4     | 3!    |

et, par le principe de multiplication, nous trouvons qu'il y a
5! × 4 × 3! = 2 880
façons différentes d'exécuter ces trois opérations.

e) Nous pouvons considérer les trois opérations successives suivantes :

$O_1$: placer Marie et Pierre côte à côte pour former un «bloc»; cette opération peut s'effectuer de 2! façons différentes;

$O_2$: placer ce «bloc» dans la rangée de huit chaises (Marie et Pierre pouvant être placés sur les deux premières chaises, sur les deuxième et troisième, ... ou sur les deux dernières, donc sur les septième et huitième); cette opération peut s'effectuer de sept façons différentes;

$O_3$: placer les six autres personnes sur les six chaises disponibles; cette opération peut s'effectuer de 6! façons différentes.

Ainsi, nous obtenons

| $O_1$ | $O_2$ | $O_3$ |
|-------|-------|-------|
| 2!    | 7     | 6!    |

et, par le principe de multiplication, nous trouvons qu'il y a
2! × 7 × 6! = 10 080
façons différentes d'effectuer ces trois opérations.

**RÉPONSE**

a) 40 320

b) 1 440

c) 1 440

d) 2 880

e) 10 080

**7. De combien de façons différentes une personne peut-elle distribuer 10 ballons à 4 enfants de sorte qu'un ou plusieurs enfants peuvent ne rien avoir :**

   **a) si les ballons sont identiques?**

**b) s'il y a 4 ballons rouges et 6 ballons verts?**

## SOLUTION

a) La personne peut envisager l'une *ou* l'autre des opérations suivantes :

$O_1$: distribuer les ballons de sorte que chaque enfant ait au moins un ballon;

$O_2$: distribuer les ballons à trois enfants seulement. La personne doit alors choisir trois enfants parmi les quatre *et* leur distribuer les ballons de sorte que chaque enfant ait au moins un ballon;

$O_3$: distribuer les ballons à deux enfants seulement. La personne doit alors choisir deux enfants parmi les quatre *et* leur distribuer les ballons de sorte que chaque enfant ait au moins un ballon;

$O_4$: distribuer les ballons à un enfant seulement.

Cherchons d'abord le nombre de façons différentes d'effectuer l'opération $O_1$. Les ballons étant indiscernables, nous pouvons les représenter par une suite de 10 points identiques :

• • • • • • • • • • .

Il est facile de voir que chaque distribution correspond à une façon de diviser cette suite en quatre parties, par exemple

•    • • •    • • • • •    • •

enfant n° 1   enfant n° 2   enfant n° 3   enfant n° 4

représente le cas où l'enfant n° 1 reçoit un ballon, l'enfant n° 2 reçoit trois ballons, l'enfant n° 3 reçoit cinq ballons et l'enfant n° 4 reçoit deux ballons.

Ainsi, il y a autant de façons de distribuer les 10 ballons identiques à 4 enfants qu'il y a de façons de diviser la suite de 10 points en 4 parties, c'est-à-dire de choisir 3 espaces où mettre les séparateurs (/) parmi les 9 espaces qu'il y a entre les points,

• / • • • / • • • • / • • .

Il y a donc

$$C_9^3 = \frac{9!}{3!\,(9-3)!} = 84$$

façons différentes d'effectuer l'opération $O_1$.

Par un raisonnement similaire, nous trouvons qu'il y a $C_9^2$ façons différentes de distribuer les 10 ballons identiques parmi les 3 enfants et $C_9^1$ façons différentes de distribuer les 10 ballons identiques parmi les 2 enfants.

Pour distribuer les 10 ballons à 3 enfants seulement, la personne doit d'abord choisir 3 enfants parmi les 4 (elle peut le faire de $C_4^3$ façons différentes) *et* leur distribuer les 10 ballons.

L'opération $O_2$ peut donc s'effectuer de

$$C_4^3 \times C_9^2 = \frac{4!}{3!(4-3)!} \times \frac{9!}{2!(9-2)!} = 4 \times 36 = 144$$

façons différentes.

Pour distribuer les 10 ballons à 2 enfants seulement, la personne doit choisir d'abord les 2 enfants parmi les 4 (elle peut le faire de $C_4^2$ façons différentes) *et* leur distribuer les 10 ballons.

L'opération $O_3$ peut donc s'effectuer de

$$C_4^2 \times C_9^1 = \frac{4!}{2!(4-2)!} \times \frac{9!}{1!(9-1)!} = 6 \times 9 = 54$$

façons différentes.

Il est évident que l'opération $O_4$ peut s'effectuer de $C_4^1$ façons différentes.

Ainsi, nous avons

| $O_1$ | ou | $O_2$ | ou | $O_3$ | ou | $O_4$ |
|---|---|---|---|---|---|---|
| $C_9^4 = 84$ | | $C_4^3\,C_9^2 = 144$ | | $C_4^2\,C_9^1 = 54$ | | $C_4^1 = 4$ |

et, par le principe d'addition, nous trouvons

$$C_9^4 + C_4^3 C_9^2 + C_4^2 C_9^1 + C_4^1 = 84 + 144 + 54 + 4 = 286$$

façons différentes d'effectuer l'une ou l'autre de ces opérations.

b) Le travail de la personne se ramène à deux opérations successives :

$O_1$: distribuer les quatre ballons rouges entre quatre enfants de façon qu'un ou des enfants puissent ne rien avoir. Par analogie, nous trouvons que cette opération peut s'effectuer de

$$C_3^3 + C_4^3 C_3^2 + C_4^2 C_3^1 + C_4^1 = 35$$

façons différentes;

$O_2$: distribuer les six ballons verts entre quatre enfants; cette opération peut s'effectuer de

$$C_5^3 + C_4^3 C_5^2 + C_4^2 C_5^1 + C_4^1 = 84$$

façons différentes.

Ainsi, nous avons

| $O_1$ | $O_2$ |
|-------|-------|
| 35 | 84 |

et, par le principe de multiplication, nous trouvons
$35 \times 84 = 2\,940$
façons différentes d'effectuer les deux opérations.

**RÉPONSE**

a)  286

b)  2 940

8.  **Combien d'anagrammes différentes pouvons-nous composer avec les lettres du mot *interligne* ?**

**SOLUTION**

Ce mot est composé de 10 lettres non toutes distinctes. Le nombre d'anagrammes différentes correspond donc au nombre de permutations de 10 éléments dont 2 sont d'une première catégorie ($i$), 2 sont d'une deuxième catégorie ($n$), 1 est d'une troisième catégorie ($t$), 2 sont d'une quatrième catégorie ($e$), 1 est d'une cinquième catégorie ($r$), 1 est d'une sixième catégorie ($l$) et 1 est d'une septième catégorie ($g$), alors

$$P\big(10; 2, 2, 1, 2, 1, 1, 1\big) = \frac{10!}{2! \times 2! \times 1! \times 2! \times 1! \times 1! \times 1!} = 453\,600.$$

**RÉPONSE**

$P(10; 2, 2, 1, 2, 1, 1, 1) = 453\,600$

9.  **La figure 4 illustre la carte d'un quartier. Les lignes horizontales et verticales représentent les rues. Une**

personne se trouve à l'intersection A et veut se rendre à l'intersection B. Si elle doit obligatoirement se déplacer vers l'est ou vers le nord, trouver le nombre total des trajets qui s'offrent à elle.

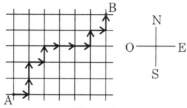

Figure 4

## SOLUTION

À chaque intersection où la personne se trouvera avant d'arriver à B, elle devra prendre l'une ou l'autre des décisions suivantes : se déplacer vers l'est (E) ou se déplacer vers le nord (N). Puisque B se trouve à cinq rues au nord et six rues à l'est de l'intersection A, chaque trajet devra donc comprendre 5 «N» et 6 «E». Nous pouvons, par exemple, représenter le trajet illustré à la figure 4 de la façon suivante :

E N N E N E E E N E N.

Ainsi, le nombre total de trajets sera égal au nombre de permutations de 11 éléments dont 5 sont d'une première catégorie et 6 sont d'une seconde catégorie, c'est-à-dire

$$P(11;5,6) = \frac{11!}{5! \times 6!} = 462.$$

## RÉPONSE

$P(11; 5, 6) = 462$

10. **Appliquer le théorème du binôme de Newton pour :**

   a) **obtenir le développement de** $\left(1 + \dfrac{1}{a}\right)^5$ **;**

   b) **trouver le douzième terme du développement de** $(2x - y)^{18}$**;**

   c) **trouver le ou les termes rationnels du développement de** $\left(\sqrt{2} - \sqrt[3]{2}\right)^5$**.**

## SOLUTION

a) En appliquant la formule du binôme de Newton, nous trouvons

$$\left(1+\frac{1}{a}\right)^5 = \sum_{r=0}^{5} C_5^r a^{5-r}\left(\frac{1}{a}\right)^r = \sum_{r=0}^{5} C_5^r a^{5-2r} .$$

Nous trouvons facilement les valeurs numériques des symboles $C_5^r$ à l'aide du triangle de Pascal. Ainsi

$$\left(a+\frac{1}{a}\right)^5 = a^5 + 5a^3 + 10a + 10a^{-1} + 5a^{-3} + a^{-5} .$$

b) Le $(r + 1)^e$ terme du développement du binôme $(a + b)^n$ est $C_n^r a^{n-r} b^r$.

Ici, nous avons $a = 2x$, $b = -y$ et $r = 11$, alors le douzième terme du développement du binôme $(2x - y)^{18}$ est

$$C_{18}^{11}(2x)^{18-11}(-y)^{11} = -\frac{18!}{11!\times 7!}2^7 x^7 y^{11} = -4\,073\,472 x^7 y^{11} .$$

c) $$\left(\sqrt{2}-\sqrt[3]{2}\right)^5 = \sum_{r=0}^{5} C_5^r \left(\sqrt{2}\right)^{5-r}\left(-\sqrt[3]{2}\right)^r$$

$$= \sum_{r=0}^{5} (-1)^r C_5^r 2^{\frac{5-r}{2}} 2^{\frac{r}{3}} = \sum_{r=0}^{5} (-1)^r C_5^r 2^{\frac{15-r}{6}} .$$

En examinant le terme général de ce développement, $(-1)^r C_5^r 2^{\frac{15-r}{6}}$, nous remarquons qu'il y a une seule valeur $r = 3$, qui permet d'obtenir un terme rationnel. En effet, l'exposant de 2 est un nombre entier dans ce cas. Le terme qu'on cherche est donc

$$(-1)^3 C_5^3 2^{\frac{15-3}{6}} = -\frac{5!}{3!(5-3)!}2^2 = -40.$$

## RÉPONSE

a) $$\left(a+\frac{1}{a}\right)^5 = a^5 + 5a^3 + 10a + 10a^{-1} + 5a^{-3} + a^{-5}$$

b) $-4\,073\,472\,x^7 y^{11}$

c) Le quatrième terme dont la valeur numérique est $-40$.

# Probabilités

1- Expérience aléatoire, événements, probabilité

2- Probabilités conditionnelles, événements indépendants

# EXPÉRIENCE ALÉATOIRE, ÉVÉNEMENTS, PROBABILITÉ

- **Expérience aléatoire**

  Une expérience aléatoire est une épreuve que nous pouvons répéter à volonté, dans les mêmes conditions, et dont, l'issue est déterminée par le hasard.

  Avant d'effectuer l'épreuve, nous connaissons l'ensemble des résultats possibles sans toutefois pouvoir prédire avec certitude lequel se produira.

- **Espace échantillonnal**

  L'espace échantillonnal d'une expérience aléatoire, noté $S$, est l'ensemble de tous les résultats possibles de cette expérience.

- **Événement**

  Nous appelons événement tout sous-ensemble d'un espace échantillonnal $S$. Nous les désignons habituellement par les lettres majuscules $A$, $B$, $C$, ... .

  L'ensemble de tous les sous-ensembles de $S$, noté $S^*$, est dit la **classe des parties** de l'espace échantillonnal $S$.

  Un événement est dit :

  - **impossible**, s'il correspond au sous-ensemble vide;

  - **certain**, s'il correspond à $S$;

  - **élémentaire** ou **simple**, s'il correspond à un sous-ensemble formé d'un seul résultat de $S$.

  Deux événements $A$ et $B$ sont dits **incompatibles** si $A \cap B = \varnothing$.

- Soit $A_1$, $A_2$, $A_3$, ..., $A_n$ des événements d'un espace échantillonnal $S$.

  Nous disons que ces événements :

  1. sont **incompatibles deux à deux** si

$$A_i \cap A_j = \emptyset, \; \forall_{ij}, \; 1 \le i, j \le n \text{ et } i \ne j;$$

2. sont **exhaustifs** par rapport à un événement $B \subseteq S$ si

$$B = A_1 \cup A_2 \cup A_3 \cup \ldots \cup A_n = \bigcup_{i=1}^{n} A_i;$$

3. forme une **partition** de $B \subseteq S$ si les propriétés 1 et 2 sont vérifiées.

Si tous les événements $A_i$, $1 \le i \le n$, sont élémentaires, nous disons alors que la partition de $B$ est une **partition élémentaire**.

· **Probabilité**

Soit $S$ un espace échantillonnal et soit $S^*$ sa classe des parties.

**Définition mathématique**

Une probabilité est une fonction
$P : S^* \to R$
satisfaisant aux conditions suivantes :

1. $P(A) \ge 0$, pour tout $A \in S^*$;

2. $P(S) = 1$;

3. $P(A \cup B) = P(A) + P(B)$, si $A \cap B = \emptyset$.

**Définition classique**

Soit $S$ un espace échantillonnal fondamental fini. Soit $A$ un événement quelconque de $S$.

La probabilité de $A$ est donnée par

$$P(A) = \frac{N(A)}{N(S)}$$

où $N(A)$ et $N(S)$ représentent respectivement le nombre de cas favorables à $A$ et le nombre de cas possibles, c'est-à-dire les cardinalités respectives de $A$ et $S$.

· **Propriétés des probabilités**

Soit $S$ un espace échantillonnal et $A, B, C$ des événements quelconques de $S$.

$P_1$: $0 \le P(A) \le 1$;

$P_2$: $P(\emptyset) = 0$;

$P_3$: Si $A \subseteq B$, alors $P(A) \le P(B)$;

$P_4$: $P(A) = 1 - P\left(\overline{A}\right)$, où $\overline{A} = S \setminus A$ ;

$P_5$: $P(A \cup B) = P(A) + P(B) - P(A \cap B)$;

$P_6$: $P(A \cup B \cup C) = P(A) + P(B) + P(C)$
$\qquad - P(A \cap B) - P(A \cap C) - P(B \cap C)$
$\qquad + P(A \cap B \cap C)$;

$P_7$: $P(A \setminus B) = P(A) - P(A \cap B)$;

$P_8$: Si $A_1, A_2, ..., A_n$ sont des événements de $S$ incompatibles deux à deux, alors
$\qquad P(A_1 \cup A_2 \cup ... \cup A_n)$
$\qquad\qquad = P(A_1) + P(A_2) + ... + P(A_n)$.

# Exercices

11. **Nous lançons une pièce de monnaie trois fois et nous observons chaque fois le côté obtenu.**

   a) **Décrire l'espace échantillonnal fondamental $S$ associé à cette expérience.**

   b) **Exprimer sous forme de sous-ensemble de $S$ les événements suivants :**
   $A$ : «avoir trois fois pile»;
   $B$ : «avoir trois fois face»;
   $C$ : «avoir trois fois pile *ou* trois fois face»;
   $D$ : «avoir au plus deux fois pile»;
   $E$ : «avoir au moins deux fois pile»;
   $F$ : «avoir face au premier lancer *et* pile au troisième»;
   $G$ : «avoir pile au deuxième lancer et face au troisième»;
   $H$ : «avoir le même résultat lors des trois lancers *ou* avoir pile au premier et face au deuxième».

   c) **Dire si les propositions suivantes sont vraies ou fausses :**
   1. $A$ est un événement élémentaire;
   2. $D \cap E$ est un événement impossible;

3. **A et B forment une partition élémentaire de C;**
4. **E, F et G sont exhaustifs par rapport à D;**
5. **E, F, G et H forment une partition de S.**

### SOLUTION

a) Pour décrire l'espace échantillonnal de cette expérience, nous pouvons nous servir du diagramme en forme d'arbre

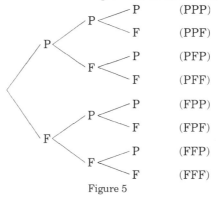

Figure 5

Alors
$S = \{$PPP, PPF, PFP, PFF, FPP, FPF, FFP, FFF$\}$
où, par exemple, PFP signifie que nous avons observé le côté pile au premier lancer, le côté face au deuxième et le côté pile au troisième.

b) En nous servant de la colonne $S$ ajoutée au diagramme en forme d'arbre, nous trouvons facilement les événements désirés.

Événement $A$ :
$A = \{$PPP$\}$

Événement $B$ :
$B = \{$FFF$\}$

Événement $C$ :
Ici, le *ou* doit nous faire penser à l'union.
$C = \{$PPP$\} \cup \{$FFF$\} = \{$PPP, FFF$\}$

Événement $D$ :
L'expression «avoir au plus deux pile» signifie «avoir zéro pile *ou* avoir une pile *ou* avoir deux pile».
$D = \{$FFF$\} \cup \{$PFF, FPF, FFP$\} \cup \{$PPF, PFP. FPP$\}$

$$= \{FFF, PFF, FPF, FFP, PPF, PFP, FPP\}.$$

Événement $E$ :

L'expression «avoir au moins deux pile» signifie «avoir deux pile *ou* avoir trois pile». Alors

$$E = \{PPF, PFP, FPP\} \cup \{PPP\} = \{PPF, PFP, FPP, PPP\}.$$

Événement $F$ :

$$F = \{FPP, FFP\}$$

Événement $G$ :

$$G = \{PPF, FPF\}$$

Événement $H$ :

$$H = \{PPP, FFF\} \cup \{PFP, PFF\} = \{PPP, PFP, PFF, FFF\}$$

c)

1. Vraie, car cet événement est formé d'un seul résultat.

2. Fausse, car $D \cap E = \{PPF, PFP, FPP\} \neq \varnothing$.

3. Vraie, car $A$ et $B$ sont élémentaires, incompatibles $(A \cap B = \varnothing)$ et exhaustifs par rapport à $C$ $(A \cup B = C)$.

4. Fausse, car
   $E \cup F \cup G = \{PPP, PPF, PFP, FPP\} \cup \{FPP, FFP\} \cup \{PPF, FPF\} = \{PPP, PPF, PFP, FPP, FPF, FF\} \neq D$.

5. Les événements $E$, $F$, $G$ et $H$ sont exhaustifs par rapport à $S$, car
   $E \cup F \cup G \cup H = \{PPP, PPF, PFP, FPP\} \cup \{FPP, FFP\} \cup \{PPF, FPF\} \cup \{PPP, PFP, PFF, FFF\}$
   $= \{PPP, PPF, PFP, PFF, FPP, FPF, FFP, FFF\} = S$.

   Cependant, ils ne sont pas incompatibles deux à deux, par exemple,
   $E \cap G = \{PPF\} \neq \varnothing$.

   Alors ces événements ne forment pas une partition de $S$.

**RÉPONSE**

a) $S = \{PPP, PPF, PFP, PFF, FPP, FPF, FFP, FFF\}$

b) $A = \{PPP\}$, $\quad$ $B = \{FFF\}$, $\quad$ $C = \{PPP, FFF\}$
   $D = \{FFF, FFP, FPF, FFF, FPP, PFP, PPF\}$
   $E = \{PPF, PFP, FPP, PPP\}$, $\quad$ $F = \{FPP, FFP\}$
   $G = \{PPF, FPF\}$, $\quad$ $H = \{PPP, PFP, PFF, FFF\}$

c) 1. Vraie
   2. Fausse
   3. Vraie

4. Fausse

5. Fausse

**12. Un sac contient trois billes. La première est rouge (R), la deuxième est blanche (B) et la troisième est verte (V). Nous tirons une bille du sac au hasard.**

**a) Décrire l'espace échantillonnal S associé à cette expérience.**

**b) Énumérer tous les éléments de la classe S\* des parties de S.**

**SOLUTION**

a) Nous pouvons tirer, soit la bille rouge (R), soit la bille blanche (B), soit la bille verte (V). Alors
$S = \{R, B, V\}$.

 Cet espace est fondamental, car nous avons autant de chances de tirer la bille blanche que de tirer une bille d'une autre couleur.

b) $S^*$ est l'ensemble de tous les événements associés à $S$, c'est-à-dire l'ensemble de tous les sous-ensembles de $S$. Voici la liste de ces sous-ensembles :

1. $\varnothing$.
    L'ensemble vide est un sous-ensemble de tout ensemble.
2. $\{R\}, \{B\}, \{V\}$.
    Les sous-ensembles formés d'un seul résultat.
3. $\{R, B\}, \{R, V\}, \{B, V\}$.
    Les sous-ensembles formés de deux résultats.
4. $\{R, B, V\} = S$.

Ainsi

$S^* = \{\varnothing, \{R\}, \{B\}, \{V\}, \{R, B\}, \{R, V\}, \{B, V\}, S\}$.

 Si $S$ comprend $n$ résultats, alors la classe $S^*$ des parties de $S$ comprend $2^n$ résultats.

Ici, $n = 3$, alors la classe $S^*$ comprend $2^3 = 8$ événements.

**RÉPONSE**

a)  $S = \{R, B, V\}$

b)  $S^* = \{\emptyset, \{R\}, \{B\}, \{V\}, \{R, B\}, \{R, V\}, \{B, V\}, S\}$

**13.** **Un sac contient sept billes dont trois sont rouges (R), trois sont vertes (V) et une est blanche (B). Nous tirons une bille du sac au hasard.**

   a)  **Décrire l'espace échantillonnal $S$ associé à cet expérience.**

   b)  **Quelle est la probabilité de tirer une bille verte?**

**SOLUTION**

a)  Comme dans l'exemple précédent, nous pouvons tirer soit la bille rouge (R), soit la bille verte, soit la bille blanche (B). Alors $S = \{R, V, B\}$.

 **REMARQUE** L'espace $S$ n'est pas fondamental car, par exemple, le résultat R (tirer l'une des trois billes rouges) a trois fois plus de chances de se produire que le résultat B (tirer la bille blanche).

b)  Pour calculer cette probabilité, nous devons d'abord numéroter les billes rouges et les billes vertes pour les discerner et pour trouver un espace échantillonnal fondamental.

Posons
$S = \{R_1, R_2, R_3, V_1, V_2, V_3, B\}$.

L'ensemble $S$ comprend tous les résultats possibles de l'expérience, et chacun de ces résultats possède autant de chances de se produire que les autres. $S$ est donc l'espace échantillonnal fondamental.

Soit $V$ l'événement «tirer une bille verte».

Alors $V = \{V_1, V_2, V_3\}$ et

$$P(V) = \frac{N(V)}{N(S)} = \frac{3}{7}.$$

**RÉPONSE**

a)  $S = \{R, V, B\}$

b)  $P(V) = \frac{3}{7}$

14. **Un sondage mené auprès de 500 personnes a révélé que 100 d'entre elles pratiquent le ski, 50, la raquette, 300, le patin, 75, le ski *et* le patin, 10, la raquette *et* le patin, 25, le ski *et* la raquette et 5 les 3 sports. Quelle est la probabilité qu'une personne interrogée pratique :**

a)  **au moins l'un de ces sports?**

b)  **deux de ces sports?**

c)  **aucun de ces sports?**

**SOLUTION**

Posons

$A$ :  «la personne pratique le ski»;

$B$ :  «la personne pratique la raquette»;

$C$ :  «la personne pratique la patin».

Nous avons alors

$A \cap B$ :  «la personne pratique le ski *et* la raquette»;

$A \cap C$ :  «la personne pratique le ski *et* le patin»;

$B \cap C$ :  «la personne pratique la raquette *et* le patin»;

$A \cap B \cap C$ :  «la personne pratique les trois sports»;

et

$$P(A) = \frac{100}{500}, \quad P(B) = \frac{50}{500}, \quad P(C) = \frac{300}{500}$$

$$P(A \cap B) = \frac{25}{500}, \quad P(B \cap C) = \frac{75}{500}, \quad P(A \cap C) = \frac{10}{500}$$

$$P(A \cap B \cap C) = \frac{5}{500}.$$

a)  La personne interrogée pratique au moins un de ces sports correspond à l'événement

$D$ :  «la personne pratique un de ces sports *ou* deux de ces sports *ou* les trois sports».

Cet événement est égal à $A \cup B \cup C$, et la probabilité que nous cherchons est

$$P(D) = P(A \cup B \cup C)$$
$$= P(A) + P(B) + P(C) - P(A \cap B) - P(A \cap C)$$
$$- P(B \cap C) + P(A \cap B \cap C)$$
$$= \frac{100}{500} + \frac{50}{500} + \frac{300}{500} - \frac{25}{500} - \frac{75}{500} - \frac{10}{500} + \frac{5}{500} = \frac{69}{500}.$$

b) La personne interrogée pratique deux de ces sports correspond à l'événement

$E$ : « la personne pratique le ski *et* la raquette *et* non le patin *ou* pratique le ski *et* le patin *et* non la raquette *ou* pratique la raquette *et* le patin *et* non le ski».

Cet événement est égal à

$$(A \cap B \cap \overline{C}) \cup (A \cap \overline{B} \cap C) \cup (\overline{A} \cap B \cap C)$$

et la probabilité que nous cherchons est

$$P(E) = P((A \cap B \cap \overline{C}) \cup (A \cap \overline{B} \cap C) \cup (\overline{A} \cap B \cap C)).$$

Il est facile de vérifier que les événements

$A \cap B \cap \overline{C}$, $A \cap \overline{B} \cap C$ et $\overline{A} \cap B \cap C$ sont incompatibles deux à deux. Ainsi, par la propriété $P_8$, nous avons

$$P(E) = P(A \cap B \cap \overline{C}) + P(A \cap \overline{B} \cap C) + P(\overline{A} \cap B \cap C).$$

Calculons $P(A \cap B \cap \overline{C})$.

Il est facile de vérifier que

$$A \cap B = (A \cap B \cap C) \cup (A \cap B \cap \overline{C}) \text{ et que}$$
$$(A \cap B \cap C) \cap (A \cap B \cap \overline{C}) = \varnothing . \text{ Ainsi,}$$
$$P(A \cap B) = P(A \cap B \cap C) + P(A \cap B \cap \overline{C})$$

et nous trouvons

$$P(A \cap B \cap \overline{C}) = P(A \cap B) - P(A \cap B \cap C).$$

Par un raisonnement analogue, nous trouvons

$$P(A \cap \overline{B} \cap C) = P(A \cap C) - P(A \cap B \cap C)$$
$$P(\overline{A} \cap B \cap C) = P(B \cap C) - P(A \cap B \cap C).$$

Ainsi

$$P(E) = P(A \cap B) + P(A \cap C) + P(B \cap C) - 3\,P(A \cap B \cap C)$$
$$= \frac{25}{500} + \frac{75}{500} + \frac{10}{500} - 3 \times \frac{5}{500} = \frac{19}{500}.$$

c) Ici, nous cherchons la probabilité de l'événement

F : «la personne ne pratique pas le ski *et* ne pratique pas la raquette *et* ne pratique pas le patin».

Cet événement est égal à $\overline{A} \cap \overline{B} \cap \overline{C}$ .

Nous avons aussi

$\overline{A} \cap \overline{B} \cap \overline{C} = (\overline{A} \cap \overline{B}) \cap \overline{C} = \overline{A \cup B} \cap \overline{C}$   par la loi de Morgan

$= \overline{A \cup B \cup C}$     par la loi de Morgan.

Alors

$P(F) = P(\overline{A} \cap \overline{B} \cap \overline{C}) = P(\overline{A \cup B \cup C})$

$= 1 - P(A \cup B \cup C) = 1 - \dfrac{69}{100} = \dfrac{31}{100}$ .

**RÉPONSE**

a)   $P(A \cup B \cup C) = \dfrac{69}{100}$

b)   $P(E) = \dfrac{19}{100}$

c)   $P(F) = \dfrac{31}{100}$

15. **Un sac contient 20 boules dont 5 sont rouges, 6 sont noires, 3 sont blanches et 6 sont vertes. Nous tirons simultanément 4 boules au hasard. Quelle est la probabilité :**

a) **que les 4 boules soient noires?**

b) **que les 4 boules soient de la même couleur?**

c) **qu'au moins l'une des boules soit rouge?**

**SOLUTION**

Puisque nous tirons simultanément les 4 boules, le nombre de résultats dans l'espace échantillonnal fondamental $S$ est égal au nombre de façons de choisir 4 objets distincts parmi 20 objets distincts. Tout tirage correspond à la formation d'une combinaison de 4 éléments pris parmi 20 (car l'ordre dans lequel nous tirons les 4 boules ne présente aucune importance). Ainsi

$$N(S) = C_{20}^4 = \frac{20!}{4!(20-4)!} = 4\,845 .$$

a) Soit $A$ l'événement «les quatre boules sont noires». Puisque nous avons six boules noires dans le sac, alors le nombre de résultats dans $A$ est égal au nombre de façons différentes de choisir quatre objets distincts parmi six objets distincts (sans tenir compte de l'ordre dans lequel nous les tirons), c'est-à-dire au nombre de combinaisons de quatre éléments pris parmi six éléments. Ainsi

$$N(A) = C_6^4 = \frac{6!}{4!(6-4)!} = 15$$

et la probabilité que nous cherchons est

$$P(A) = \frac{N(A)}{N(S)} = \frac{C_6^4}{C_{20}^4} = \frac{15}{4\,845} = \frac{1}{323} .$$

b) L'événement «les quatre boules sont de la même couleur» est égal à $A \cup B \cup C \cup D$, où
   $A$ : «les quatre boules sont noires»;
   $B$ : «les quatre boules sont rouges»;
   $C$ : «les quatre boules sont blanches»;
   $D$ : «les quatre boules sont vertes».

   Les événements $A$, $B$, $C$ et $D$ sont incompatibles deux à deux. Ainsi, par la propriété $P_8$, nous avons

   $P(A \cup B \cup C \cup D) = P(A) + P(B) + P(C) + P(D)$.

   Il est évident que l'événement $C$ est impossible (nous avons seulement trois boules blanches dans le sac), alors $P(C) = 0$; de plus

   $$P(B) = \frac{C_5^4}{C_{20}^4} = \frac{5}{4\,845} \quad \text{et} \quad P(D) = \frac{C_6^4}{C_{20}^4} = \frac{15}{4\,845} .$$

   Nous trouvons alors

   $$P(A \cup B \cup C \cup D) = \frac{15}{4\,845} + \frac{5}{4\,845} + 0 + \frac{15}{4\,845} = \frac{35}{4\,845} = \frac{7}{969} .$$

c) Notons $E$ l'événement «tirer au moins une boule rouge». Alors $\overline{E}$ est l'événement «aucune boule n'est rouge», c'est-à-dire que les 4 boules sont prises parmi les 15 boules (6 noires, 3 blanches et 6 vertes).

Il y a donc $C_{15}^4 = \dfrac{15!}{4!\,(15-4)!} = 1\,365$ cas favorables à $\overline{E}$ et par conséquent

$$P(\overline{E}) = \dfrac{1\,365}{4\,845}\,.$$

Par la propriété $P_4$, nous trouvons

$$P(E) = 1 - P(\overline{E}) = 1 - \dfrac{1\,365}{4\,845} = \dfrac{3\,480}{4\,845} = \dfrac{232}{323}$$

**RÉPONSE**

a)  $P(A) = \dfrac{1}{323}$

b)  $\dfrac{7}{969}$

c)  $P(E) = \dfrac{232}{323}$

16. **Nous tirons 5 cartes d'un jeu qui en contient 52. Trouver la probabilité de chacun des événements suivants :**

a) $A$ : «avoir trois valets»;

b) $B$ : «avoir trois piques et deux trèfles»;

c) $C$ : «avoir une suite»;

d) $D$ : «avoir une suite de la même couleur»;

e) $E$ : «avoir une suite de la même sorte»;

f) $F$ : «avoir trois cartes d'une même valeur et deux cartes d'une même autre valeur».

**SOLUTION**

L'espace échantillonnal fondamental $S$ est formé de toutes les façons différentes de choisir 5 cartes distinctes parmi les 52 (sans tenir compte de l'ordre dans lequel nous les tirons). Ainsi

$$N(S) = C_{52}^5 = \dfrac{52!}{5!\,(52-5)!} = 2\,598\,960\,.$$

a)  La formation d'un résultat de $A$ se décompose en deux opérations successives :

   $O_1$: choisir 3 valets distincts parmi les quatre disponibles; cette opération peut s'effectuer de $C_4^3$ façons différentes;

$O_2$: choisir deux autres cartes distinctes parmi les 48 qui ne sont pas des valets; cette opération peut s'effectuer de $C_{48}^2$ façons différentes.

Par le principe de multiplication, nous trouvons

$N(A) = C_4^3 \times C_{48}^2$

et, par la définition classique de la probabilité, nous obtenons

$$P(A) = \frac{N(A)}{N(S)} = \frac{C_4^3 \times C_{48}^2}{C_{52}^5} = \frac{4\,512}{2\,598\,960} = \frac{94}{54\,145} \approx 0{,}0017.$$

b) La formation d'un résultat de $B$ se décompose en deux opérations successives :

$O_1$: choisir 3 piques distincts parmi les 13 disponibles; cette opération peut s'effectuer de $C_{13}^3$ façons différentes;

$O_2$: choisir 2 trèfles distincts parmi les 13 disponibles; cette opération peut s'effectuer de $C_{13}^2$ façons différentes.

Ainsi

$N(B) = C_{13}^3 \times C_{13}^2$

et

$$P(B) = \frac{C_{13}^3 \times C_{13}^2}{C_{52}^5} = \frac{22\,308}{2\,598\,960} = \frac{143}{16\,660} \approx 0{,}0086\,.$$

c) Une suite se compose de cinq cartes consécutives qui ne sont pas nécessairement de la même sorte, par exemple,

$\{2\heartsuit, 3\clubsuit, 4\diamondsuit, 5\heartsuit, 6\clubsuit\}$.

Puisque nous ne tenons pas compte de l'ordre dans lequel les cartes sont tirées, alors l'ensemble, par exemple,

$\{6\clubsuit, 3\clubsuit, 5\heartsuit, 2\heartsuit, 4\diamondsuit\}$

représente le même type de suites.

Il y a neuf types de suites :

$\{1, 2, 3, 4, 5\}$, $\{2, 3, 4, 5, 6\}$, $\{3, 4, 5, 6, 7\}$, ..., $\{9, 10, \text{valet}, \text{dame}, \text{roi}\}$.

La formation d'un résultat de $C$ se décompose en six opérations successives :

$O_1$: choisir un type de suites parmi les neuf possibles; cette opération peut s'effectuer de $C_9^1$ façons différentes;

$O_2$: choisir la première carte de la suite parmi les quatre sortes possibles (cœur, carreau, pique, trèfle);

$O_3$: choisir la deuxième carte de la suite parmi les quatre sortes possibles;

…

$O_6$: choisir la cinquième carte de la suite parmi les quatre sortes possibles.

Chacune des opérations $O_2$, $O_3$, … et $O_6$ peut s'effectuer de $C_4^1$ façons différentes. Ainsi

$$N(C) = C_9^1 \times \left(C_4^1\right)^5$$

et

$$P(C) = \frac{N(C)}{N(S)} = \frac{C_9^1 \times \left(C_4^1\right)^5}{C_{52}^5} = \frac{9\,216}{2\,598\,960} = \frac{192}{54\,145} \approx 0,003\,5 \,.$$

d) La formation d'un résultat de $D$ se décompose en sept opérations successives :

$O_1$: choisir un type de suites parmi les neuf possibles; cette opération peut s'effectuer de $C_9^1$ façons différentes;

$O_2$: choisir une couleur parmi les deux possibles; cette opération peut s'effectuer de $C_2^1$ façons différentes;

$O_3$: choisir la première carte de la suite parmi les deux ayant cette valeur pour la couleur choisie; cette opération peut s'effectuer de $C_2^1$ façons différentes;

…

$O_7$: choisir la cinquième carte de la suite parmi les deux ayant cette valeur pour la couleur choisie; cette opération peut s'effectuer de $C_2^1$ façons différentes.

Ainsi

$$N(D) = C_9^1 \times C_2^1 \times \left(C_2^1\right)^5 = C_9^1 \times \left(C_2^1\right)^6$$

et

$$P(D) = \frac{N(D)}{N(S)} = \frac{C_9^1 \times \left(C_2^1\right)^6}{C_{52}^5} = \frac{576}{2\,598\,960} = \frac{12}{54\,145} \approx 0,000\,2 \,.$$

e) La formation d'un résultat de $E$ se décompose en deux opérations successives :

$O_1$: choisir un type de suites parmi les neuf possibles; cette opération peut s'effectuer de $C_9^1$ façons différentes;

$O_2$: choisir une sorte parmi les quatre possibles; cette opération peut s'effectuer de $C_4^1$ façons différentes.

Ainsi

$$N(E) = C_9^1 \times C_4^1$$

et

$$P(E) = \frac{N(E)}{N(S)} = \frac{C_9^1 \times C_4^1}{C_{52}^5} = \frac{36}{2\,598\,960} = \frac{3}{216\,580} \approx 0,000\,01.$$

f) Nous avons 13 valeurs différentes :
1, 2, 3, ..., 10, valet, dame et roi.

La formation d'un résultat de $F$ se décompose en quatre opérations successives :

$O_1$: choisir une valeur parmi les treize possibles; cette opération peut s'effectuer de $C_{13}^1$ façons différentes;

$O_2$: choisir trois cartes parmi les quatre qui ont cette valeur; cette opération peut s'effectuer de $C_4^3$ façons différentes;

$O_3$: choisir une valeur parmi les douze qui n'ont pas été choisies; cette opération peut s'effectuer de $C_{12}^1$ façons différentes;

$O_4$: choisir deux cartes parmi les quatre ayant cette valeur; cette opération peut s'effectuer de $C_4^2$ façons différentes.

Ainsi

$$N(F) = C_{13}^1 \times C_4^3 \times C_{12}^1 \times C_4^2$$

et

$$\begin{aligned} P(F) &= \frac{N(F)}{N(S)} = \frac{C_{13}^1 \times C_4^3 \times C_{12}^1 \times C_4^2}{C_{52}^5} \\ &= \frac{13 \times 4 \times 12 \times 6}{2\,598\,960} = \frac{6}{4\,165} \approx 0,001\,4. \end{aligned}$$

**RÉPONSE**

a) $P(A) = \dfrac{94}{54\,145} \approx 0,001\,7$

b) $P(B) = \dfrac{143}{16\,660} \approx 0,008\,6$

c) $P(C) = \dfrac{192}{54\,145} \approx 0,003\,5$

d) $P(D) = \dfrac{12}{54\,145} \approx 0,000\,2$

e) $P(E) = \dfrac{3}{216\,580} \approx 0,000\,01$

f) $P(F) = \dfrac{6}{4\,165} \approx 0,001\,4$

**17.** **Nous formons un comité de 3 membres comprenant un président, un vice-président et un secrétaire en choisissant au hasard 3 personnes distinctes parmi les 10 candidats, dont Pierre, Jean et Jacques. Trouver la probabilité**

a) **que Pierre, Jean et Jacques soient dans le comité;**

b) **que Pierre, Jean et Jacques soient respectivement président, vice-président et secrétaire;**

c) **qu'au moins un des trois soit dans le comité.**

**SOLUTION**

Ici, le comité est hiérarchisé. Il ne suffit donc pas de choisir 3 personnes distinctes parmi les 10 candidats, mais il faut aussi leur attribuer un poste. L'espace échantillonnal fondamental $S$ est formé de tous les arrangements de 3 personnes distinctes choisies parmi les 10 (nous tenons compte de l'ordre dans lequel nous tirons les membres du comité). Ainsi

$$N(S) = A_{10}^3 = C_{10}^3 \times 3! = \frac{10!}{3!(10-3)!} \times 3! = \frac{10!}{7!} = 720\,.$$

a) Soit $A$ l'événement «Pierre, Jean et Jacques sont dans le comité». Le nombre de résultats dans $A$ est $N(A) = A_3^3$, et par conséquent

$$P(A) = \frac{N(A)}{N(S)} = \frac{A_3^3}{A_{10}^3} = \frac{\dfrac{3!}{(3-3)!}}{\dfrac{10!}{(10-3)!}} = \frac{3 \times 2 \times 1}{10 \times 9 \times 8} = \frac{1}{120} \approx 0{,}008\,3.$$

b) Soit $B$ l'événement «Pierre, Jean et Jacques sont respective-ment président, vice-président et secrétaire». Il est clair que $N(B) = 1$ et qu'ainsi

$$P(B) = \frac{1}{720} \approx 0{,}001\,4.$$

c) Soit $C$ l'événement «au moins un des trois est dans le comité». Le complément de $C$ est l'événement $\overline{C}$ : «aucun des trois n'est dans le comité». La formation d'un résultat de $\overline{C}$ con-siste donc à choisir les trois membres du comité parmi les sept candidats autres que Pierre, Jean et Jacques. Ainsi

$$N(\overline{C}) = A_7^3$$

et

$$P(\overline{C}) = \frac{N(\overline{C})}{N(S)} = \frac{A_7^3}{A_{10}^3} = \frac{7 \times 6 \times 5}{10 \times 9 \times 8} = \frac{210}{720} = \frac{3}{8}.$$

Par la propriété $P_4$, nous trouvons

$$P(C) = 1 - P(\overline{C}) = 1 - \frac{3}{8} = \frac{5}{8} = 0{,}625.$$

**RÉPONSE**

a) $P(A) = \dfrac{1}{120} \approx 0{,}008\,3$

b) $P(B) = \dfrac{1}{720} \approx 0{,}001\,4$

c) $P(C) = \dfrac{5}{8} \approx 0{,}625$

# PROBABILITÉS CONDITIONNELLES ET ÉVÉNEMENTS INDÉPENDANTS

Soit $S$ un espace échantillonnal.

- **Probabilité conditionnelle**

Soit $A$ un événement de $S$ quelconque et soit $B$ un événement de $S$ tel que $P(B) \neq 0$.

La probabilité conditionnelle de $A$ étant donné $B$, c'est-à-dire la probabilité que l'événement $A$ se réalise étant donné que l'événement $B$ s'est déjà réalisé, notée $P(A|B)$, est définie par :

$$P(A|B) = \frac{P(A \cap B)}{P(B)}.$$

- **Théorème de multiplication des probabilités**

1. Soit $A, B \subseteq S$, $P(B) \neq 0$. Alors
$$P(A \cap B) = P(B)P(A|B).$$

2. Soit $A_1, A_2, ..., A_n \subseteq S$ tels que $P(A_1) \neq 0$.
$P(A_1 \cap A_2) \neq 0, ..., P(A_1 \cap A_2 \cap ... \cap A_{n-1}) \neq 0$.
Alors

$P(A_1 \cap A_2 \cap ... \cap A_n)$
$\qquad = P(A_1) \times P(A_2|A_3) \times P(A_3|A_1 \cap A_2) \times ... \times$
$\qquad P(A_n|A_1 \cap A_2 \cap ... A_{n-1}).$

- **Événements indépendants**

Soit $A$ et $B$ deux événements tels que $P(A) \neq 0$ et $P(B) \neq 0$. Nous disons que $A$ et $B$ sont indépendants si et seulement si
$P(A \cap B) = P(A) \times P(B)$.

Nous disons que les événements $A_1, A_2, ..., A_n$ sont indépendants si et seulement si
$P(A_1 \cap A_2 \cap ... \cap A_n) = P(A_1) \times P(A_2) \times ... \times P(A_n)$.

- **Théorème de Bayes**

Soit $E$ un événement tel que $P(E) \neq 0$. Soit $A_1, A_2, ...,$ $A_n$ une partition de $S$. Alors

1. $P(E) = \sum_{i=1}^{n} P(A_i \cap E) = \sum_{i=1}^{n} P(A_i) P(E|A_i)$;

2. pour tout $k \notin \{1, 2, ..., n\}$

$$P(A_k|E) = \frac{P(A_k) P(E|A_k)}{P(A_1) P(E|A_1) + ... + P(A_n) P(E|A_n)}.$$

---

REMARQUE

1. Toutes les propriétés des probabilités s'appliquent à une probabilité conditionnelle.

2. Si $A$ et $B$ sont indépendants, alors
   $P(A|B) = P(A)$ et $P(B|A) = P(B)$.

3. Si $A$ et $B$ sont indépendants, alors $A \cap B \neq \varnothing$. Ainsi, deux événements incompatibles sont des événements dépendants.

---

# *Exercices*

18. **Nous lançons un dé et une pièce de monnaie, et nous observons le côté qu'ils présentent. Soit $A$ l'événement «avoir un nombre pair sur le dé et pile sur la pièce de monnaie» et $B$ l'événement «avoir au plus quatre sur le dé». Les événements $A$ et $B$ sont-ils indépendants?**

**SOLUTION ET RÉPONSE**

L'espace échantillonnal correspondant à cette expérience aléatoire est

$S = \{1P, 2P, 3P, 4P, 5P, 6P, 1F, 2F, 3F, 4F, 5F, 6F\}$.

Ainsi

$A = \{2P, 4P, 6P\}$

$B = \{1P, 2P, 3P, 4P, 1F, 2F, 3F, 4F\}$

$A \cap B = \{2P, 4P\}$

et

$$P(A) = \frac{3}{12} = \frac{1}{4}, \; P(B) = \frac{8}{12} = \frac{2}{3}, \; P(A \cap B) = \frac{2}{12} = \frac{1}{6} \; \text{et}$$

$$P(A) \times P(B) = \frac{1}{4} \times \frac{2}{3} = \frac{1}{6}.$$

Puisque
$P(A \cap B) = P(A) \times P(B),$
alors les événements $A$ et $B$ sont indépendants.

19. **On compte quatre personnes. La première pratique le ski, la deuxième, la raquette, la troisième, le patin et la quatrième les trois sports. Montrer que les trois événements**

   $A$ : «la personne pratique le ski»

   $B$ : «la personne pratique la raquette»

   $C$ : «la personne pratique le patin»

   **sont dépendants et qu'ils sont indépendants deux à deux.**

**SOLUTION ET RÉPONSE**

Nous avons

$$P(A) = P(B) = P(C) = \frac{2}{4} = \frac{1}{2}, \; \text{car deux personnes parmi les quatre}$$

pratiquent le ski, deux pratiquent la raquette et deux pratiquent le patin;

$$P(A \cap B \cap C) = \frac{1}{4}, \; \text{car une personne parmi les quatre pratique les}$$

trois sports.

Puisque

$$P(A) \times P(B) \times P(C) = \frac{1}{2} \times \frac{1}{2} \times \frac{1}{2} = \frac{1}{8}$$

alors
$P(A \cap B \cap C) \neq P(A) \times P(B) \times P(C)$
et par conséquent les trois événements sont dépendants.
Nous avons aussi

$P(A \cap B) = P(A \cap C) = P(B \cap C) = \dfrac{1}{4}$, car une personne parmi les quatre pratique les deux sports.

Ainsi, $A$ et $B$ sont des événements indépendants, car

$$P(A) \times P(B) = \dfrac{1}{2} \times \dfrac{1}{2} = \dfrac{1}{4} = P(A \cap B).$$

De même $A$ et $C$ sont des événements indépendants et $B$ et $C$ le sont aussi.

20. **Dans un magasin il y a deux ascenseurs. À la suite de tests statistiques, nous savons que**

$$P(A_2) = 0{,}7, \quad P\left(\overline{A_1} \cap \overline{A_2}\right) = 0{,}05 \text{ et } P\left(\overline{A_1} \cap A_2\right) = 0{,}25$$

**où $A_1$ et $A_2$ sont respectivement les événements «l'ascenseur n$^o$ 1 fonctionne» et «l'ascenseur n$^o$ 2 fonctionne». Calculer les probabilités des événements suivants :**

a) **«l'ascenseur n$^o$ 2 est en panne à condition que l'ascenseur n$^o$ 1 soit en panne»;**

b) **«seulement l'ascenseur n$^o$ 2 est en panne»;**

c) **«l'ascenseur n$^o$ 2 est en panne à condition qu'il y ait au moins un ascenseur en panne».**

**SOLUTION**

À partir des hypothèses du problème, nous pouvons déduire le tableau suivant :

|  | $A_2$ | $\overline{A_2}$ |  |
|---|---|---|---|
| $A_1$ | $P(A_1 \cap A_2) =$ $0{,}7 - 0{,}25 = 0{,}45$ | $P\left(A_1 \cap \overline{A_2}\right) =$ $0{,}3 - 0{,}05 = 0{,}25$ | $P(A_1) = 0{,}45 +$ $0{,}25 = 0{,}7$ |
| $\overline{A_1}$ | $P\left(\overline{A_1} \cap A_2\right) = 0{,}25$ | $P\left(\overline{A_1} \cap \overline{A_2}\right) =$ $0{,}05$ | $P\left(\overline{A_1}\right) = 0{,}25$ $+ 0{,}05 = 0{,}3$ |
|  | $P(A_2) = 0{,}7$ | $P\left(\overline{A_2}\right) = 1 - 0{,}7$ $= 0{,}3$ | $1$ |

a) Nous cherchons la probabilité conditionnelle

$$P\left(\overline{A_2}\middle|\overline{A_1}\right) = \frac{P\left(\overline{A_2} \cap \overline{A_1}\right)}{P\left(\overline{A_1}\right)} = \frac{0,05}{0,3} = \frac{1}{6}.$$

b) L'événement «seulement l'ascenseur n° 2 est en panne» est égal à l'événement «l'ascenseur n° 2 est en panne et l'ascenseur n° 1 fonctionne», c'est-à-dire à l'événement $\overline{A_2} \cap A_1$. Dans le tableau nous trouvons

$$P\left(\overline{A_2} \cap A_1\right) = 0,25.$$

c) L'événement «au moins un ascenseur est en panne» est égal à

$$\left(\overline{A_1} \cap A_2\right) \cup \left(A_1 \cap \overline{A_2}\right) \cup \left(\overline{A_1} \cap \overline{A_2}\right).$$

Son complément est «les deux ascenseurs fonctionnent», alors

$$\overline{\left(\overline{A_1} \cap A_2\right) \cup \left(A_1 \cap \overline{A_2}\right) \cup \left(\overline{A_1} \cap \overline{A_2}\right)} = \overline{A_1 \cap A_2}.$$

Nous cherchons donc

$$P\left(\overline{A_2}\middle|\overline{A_1 \cap A_2}\right) = \frac{P\left(\overline{A_2} \cap \overline{A_1 \cap A_2}\right)}{P\left(\overline{A_1 \cap A_2}\right)}$$

$$= \frac{P\left(\overline{A_2} \cap \left(\overline{A_1} \cup \overline{A_2}\right)\right)}{P\left(\overline{A_1 \cap A_2}\right)} \quad \text{par la loi de Morgan}$$

$$= \frac{P\left(\overline{A_2}\right)}{P\left(\overline{A_1 \cap A_2}\right)} \quad \begin{array}{l}\text{facile à montrer à partir d'un} \\ \text{diagramme de Venn}\end{array}$$

$$= \frac{P\left(\overline{A_2}\right)}{1 - P(A_1 \cap A_2)} \quad \text{par la propriété } P_4 \text{ de la probabilité}$$

$$= \frac{0,3}{1 - 0,45} = \frac{3}{55}.$$

**RÉPONSE**

a) $P\left(\overline{A_2}\middle|\overline{A_1}\right) = \dfrac{1}{6}$

b) $P\left(\overline{A_2} \cap A_1\right) = 0{,}25.$

c) $P\left(\overline{A_2}\big|\left(\overline{A_1} \cap A_2\right) \cup \left(A_1 \cap \overline{A_2}\right) \cup \left(\overline{A_1} \cap \overline{A_2}\right)\right) = \dfrac{3}{55}$

**21.** Nous avons trois boîtes :

- La boîte n° 1 contient deux boules rouges et trois boules noires;
- La boîte n° 2 contient une boule rouge et une boule noire;
- La boîte n° 3 contient trois boules rouges et une boule noire.

Nous lançons un dé. Si le résultat est pair, nous tirons une boule de la boîte n° 1. Si le résultat est 3, nous tirons une boule de la boîte n° 2. Si le résultat est 1 ou 5, nous tirons une boule de la boîte n° 3.

a) Quelle est la probabilité que la boule tirée soit rouge?

b) Quelle est la probabilité que la boule tirée provienne de la boîte n° 1 sachant qu'elle est rouge?

**SOLUTION**

L'expérience aléatoire consiste à tirer une boule de l'une des trois boîtes selon la marche à suivre de la question. Ainsi, l'espace échantillonnal $S$ pour cette expérience est l'ensemble des boules se trouvant dans les trois boîtes.

Considérons les événements suivants :

$R$ : «la boule est rouge»;

$N$ : «la boule est noire»;

$B_1$ : «la boule provient de la boîte n° 1»;

$B_2$ : «la boule provient de la boîte n° 2»;

$B_3$ : «la boule provient de la boîte n° 3».

Il est clair que les événements $B_1$, $B_2$ et $B_3$ forment une partition de $S$. De plus,

$$P(B_1) = \frac{3}{6} = \frac{1}{2}, \quad P(B_2) = \frac{1}{6}, \quad P(B_3) = \frac{2}{6} = \frac{1}{3},$$

$$P(R|B_1) = \frac{2}{5}, \quad P(R|B_2) = \frac{1}{2}, \quad P(R|B_3) = \frac{3}{4},$$

$$P\left(N|B_1\right) = \frac{3}{5}, \ P\left(N|B_2\right) = \frac{1}{2}, \ P\left(N|B_3\right) = \frac{1}{4}.$$

a) Nous cherchons $P(R)$. L'événement $R$ peut se produire de trois façons différentes :

la boule est rouge *et* provient de la boîte n° 1 *ou* la boule est rouge *et* provient de la boîte n° 2 *ou* la boule est rouge *et* provient de la boîte n° 3.

Ainsi

$R = (R \cap B_1) \cup (R \cap B_2) \cup (R \cap B_3)$

et, par le théorème de Bayes, nous trouvons

$$P(R) = P\left(R|B_1\right) \times P(B_1) + P\left(R|B_2\right) \times P(B_2) + P\left(R|B_3\right) \times P(B_3)$$

$$= \frac{2}{5} \times \frac{1}{2} + \frac{1}{2} \times \frac{1}{6} + \frac{3}{4} \times \frac{1}{3} = \frac{8}{15}.$$

b) Nous cherchons $P\left(B_1|R\right)$. Par le théorème de Bayes, nous trouvons

$$P\left(B_1|R\right) = \frac{P(B_1 \cap R)}{P(R)}$$

$$= \frac{P(B_1) \times P\left(R|B_1\right)}{P(B_1) \times P\left(R|B_1\right) + P(B_2) \times P\left(R|B_2\right) + P(B_3) \times P\left(R|B_3\right)}$$

$$= \frac{\dfrac{1}{2} \times \dfrac{2}{5}}{\dfrac{8}{15}} = \frac{3}{8}.$$

**RÉPONSE**

a) $P(R) = \dfrac{8}{15}$

b) $P\left(B_1|R\right) = \dfrac{3}{8}$

**22. Nous avons deux boîtes :**

- **la boîte n° 1 contient deux boules rouges, trois boules vertes et deux boules noires;**

- la boîte n° 2 contient une boule rouge et trois boules noires.

Nous tirons une boule de la boîte n° 1 et sans en regarder la couleur, nous la déposons dans la boîte n° 2. Enfin, nous tirons une boule de la boîte n° 2.

a) Quelle est la probabilité que la boule tirée de la boîte n° 2 soit noire?

b) Quelle est la probabilité que la boule tirée de la boîte n° 1 soit noire sachant que celle tirée de la boîte n° 2 est noire?

## SOLUTION

Notre expérience comporte deux étapes. À la première étape, trois événements différents peuvent se produire :

$B_1$ : «la boule tirée de la boîte n° 1 est rouge»;

$B_2$ : «la boule tirée de la boîte n° 1 est verte»;

$B_3$ : «la boule tirée de la boîte n° 1 est noire».

À la deuxième étape, nous tirons une boule de la boîte n° 2. Cette boule peut être rouge ($R$) ou noire ($N$).

 Si à la première étape nous avons tiré, par exemple, la boule rouge, alors nous avons deux boules rouges et trois boules noires dans la boîte n° 2. D'où

$$P(R|B_1) = \frac{2}{5}.$$

a) Nous avons
$$N = (N \cap B_1) \cup (N \cap B_2) \cup (N \cap B_3)$$
et par le théorème de Bayes
$$P(N) = P(B_1) \times P(N|B_1) + P(B_2) \times P(N|B_2) + P(B_3) \times P(N|B_3)$$
$$= \frac{2}{7} \times \frac{3}{5} + \frac{3}{7} \times \frac{3}{5} + \frac{2}{7} \times \frac{4}{5} = \frac{23}{35}.$$

b) Nous cherchons $P(B_1|N)$. Par le théorème de Bayes, nous trouvons

$$P(B_1|N) = \frac{P(B_1 \cap N)}{P(N)}$$

$$= \frac{P(B_1) \times P(N|B_1)}{P(B_1) \times P(N|B_1) + P(B_2) \times P(N|B_2) + P(B_3) \times P(N|B_3)}$$

$$= \frac{\dfrac{2}{7} \times \dfrac{3}{5}}{\dfrac{23}{35}} = \frac{6}{23} \ .$$

**RÉPONSE**

a) $P(N) = \dfrac{23}{35}$

b) $P(B_1|N) = \dfrac{6}{23}$

# Variables aléatoires

# NOTION DE VARIABLE ALÉATOIRE

- **Variable aléatoire**

  Une variable aléatoire X est une fonction qui associe un nombre réel à chaque résultat $s$ de l'espace échantillonnal $S$ d'une expérience aléatoire. Nous écrivons

  $X: \ S \to R$

  $s \to X(s) = x$

  Le domaine de X est $S$ et son codomaine est un sous-ensemble de $R$.

- **Types de variables aléatoires**

  Une variable aléatoire est dite :

  - **discrète**, si elle peut prendre un nombre fini ou infini dénombrable de valeurs;

  - **continue**, si elle peut prendre toutes les valeurs d'un intervalle donné (fini ou infini).

## *Exercices*

23. **Pour chacune des variables aléatoires suivantes, dire si elle est discrète ou continue.**

    a) **Nous lançons un dé rouge et un dé vert. La variable aléatoire X représente le quotient du résultat du dé rouge par celui du dé vert.**

    b) **Nous lançons une pièce de monnaie. La variable aléatoire X représente le nombre de lancers avant d'obtenir «pile» pour la première fois.**

    c) **Nous tirons une flèche sur une cible d'un mètre de diamètre. La variable aléatoire représente la dis-**

tance entre le point d'impact de la flèche et le centre de la cible.

**SOLUTION**

a)  Les valeurs possibles de la variable X sont des fractions dont le numérateur et le dénominateur peuvent prendre une des valeurs 1, 2, 3, 4, 5 ou 6. Le nombre des fractions est fini, donc la variable X est discrète.

b)  La variable aléatoire X est discrète, car elle prend un nombre infini dénombrable de valeurs :
1, 2, 3, 4, ... .

c)  La variable aléatoire X est continue, car elle peut prendre n'importe quelle valeur dans l'intervalle [0, 0,5].

**RÉPONSE**

a)  Discrète.
b)  Discrète.
c)  Continue.

24. Représenter graphiquement les variables aléatoires suivantes :

a)  **Un sac contient trois billes : deux rouges et une verte. Nous tirons simultanément deux billes du sac au hasard. La variable aléatoire X représente le nombre de billes rouges tirées.**

b)  **Un sac contient trois billes : deux rouges et une verte. Nous tirons successivement deux billes *avec* remise. La variable aléatoire X représente le nombre de billes rouges tirées.**

c)  **Un sac contient trois billes : deux rouges et une verte. Nous tirons successivement deux billes *sans* remise. La variable aléatoire X représente le nombre de billes rouges tirées.**

d)  **Nous lançons un dé jusqu'à ce que nous obtenions le 6. La variable aléatoire X représente le nombre de lancers.**

## SOLUTION ET RÉPONSE

a) Puisque nous tirons simultanément deux billes, chaque résultat $s$ de l'espace échantillonnal $S$ est un ensemble de deux billes (dans cette expérience, l'ordre dans lequel nous tirons les billes n'a aucune importance). Ainsi
$S = \{\{R, R\}, \{R, V\}\}$,
où R représente la bille rouge et V, la bille verte.

Au lieu de $\{R, V\}$, on aurait pu écrire $\{V, R\}$, ce qui est identique.

La variable aléatoire X représente le nombre de billes rouges tirées, alors $X(\{R, R\}) = 2$ et $X(\{R, V\}) = 1$. Elle est donc une fonction qui établit les correspondances suivantes :

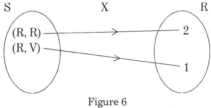

Figure 6

**REMARQUE**  Cet espace échantillonnal n'est pas fondamental. En fait, nous avons

$$P\big(\{R, R\}\big) = \frac{C_2^2}{C_3^2} = \frac{1}{3} \neq P\big(\{R, V\}\big) = \frac{C_2^1 \times C_1^1}{C_3^2} = \frac{2}{3}$$

car nous avons un seul cas favorable pour l'événement $\{R, R\}$ (choisir deux billes rouges parmi les deux disponibles) et deux cas favorables pour l'événement $\{R, V\}$ (choisir une bille rouge parmi les deux disponibles et une verte dont une seule est disponible).

Si nous numérotons mentalement les deux billes rouges, nous pouvons associer à cette expérience l'espace échantillonnal
$S = \{\{R_1, R_2\}, \{R_1, V\}, \{R_2, V\}\}$
qui est un espace échantillonnal fondamental.

La représentation graphique de la variable aléatoire X sera dans ce cas

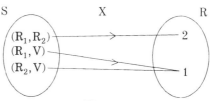

Figure 7

b) Nous pouvons nous servir d'un diagramme en arbre pour décrire l'espace échantillonnal de cette expérience.

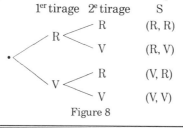

Figure 8

 Dans le tirage successif, les billes sont tirées dans l'ordre, alors chaque résultat *s* de l'espace échantillonnal *S* est une suite.

 Dans le tirage avec remise, nous avons à chaque étape deux billes rouges et une bille verte dans le sac. Il est donc possible de tirer deux fois la bille verte.

La variable aléatoire X qui représente le nombre de billes rouges tirées peut prendre trois valeurs : 2, 1 ou 0. Graphiquement, nous avons

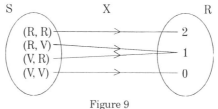

Figure 9

c) L'espace échantillonnal qui peut être associé à cette expérience est
$S = \{(R, R), (R, V), (V, R)\}$.

L'espace échantillonnal diffère de celui du problème précédent. En fait, à la deuxième étape du tirage sans remise, nous tirons une bille parmi les deux disponibles. Si, par exemple, à la première étape nous avions tiré la bille verte, elle ne serait plus disponible à la deuxième étape.

La représentation graphique de la variable aléatoire X qui représente le nombre de billes rouges tirées est donc

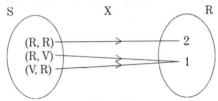

Figure 10

d) Nous pouvons nous servir du graphique suivant pour décrire l'espace échantillonnal de cette expérience

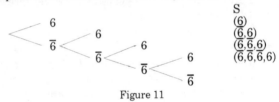

Figure 11

où 6 et $\overline{6}$ représentent respectivement les événements : «obtenir le 6» et «obtenir un autre résultat que 6».

La variable aléatoire X qui représente le nombre de lancers avant d'obtenir le 6 prend le nombre infini dénombrable de valeurs :

$X((6)) = 1, X((\overline{6}, 6)) = 2, X((\overline{6}, \overline{6}, 6)) = 3, \ldots$ .

Graphiquement, nous avons

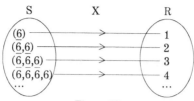

Figure 12

# TRAITEMENT D'UNE VARIABLE ALÉATOIRE DISCRÈTE FINIE

Soit X une variable aléatoire discrète définie sur un espace échantillonnal fini $S$ dont le codomaine est $\{x_1, x_2, x_3, ..., x_n\}$.

- **Fonction de probabilité**

La fonction de probabilité de X, notée $f$, est une fonction qui associe à chaque nombre réel la probabilité que X prenne cette valeur. Nous écrivons

$f : \quad R \rightarrow [0, 1]$

$\quad x \rightarrow f(x) = P(X = x)$.

- **Distribution de probabilité**

L'ensemble des couples
$\{(x_1, f(x_1)), (x_2, f(x_2)), (x_3, f(x_3)), ..., (x_n, f(x_n))\}$
est appelé distribution de probabilité de la variable aléatoire X.

- **Fonction de répartition**

La fonction de répartition d'une variable aléatoire X, notée $F$, est une fonction qui associe à tout nombre réel $x$ la probabilité que la variable X prenne une valeur inférieure ou égale à $x$, c'est-à-dire

$F : \quad R \rightarrow [0, 1]$

$\quad x \rightarrow F(x) = P(X \leq x)$.

- **Propriétés de la fonction de probabilité et de la fonction de répartition**

$P_1$: $0 \leq f(x_i) \leq 1$ pour tout $i$, $1 \leq i \leq n$;

$P_2$: $f(x_1) + f(x_2) + f(x_3) + ... + f(x_n) = 1$;

$P_3$: $F(x_a) \leq F(x_b)$ si $x_a < x_b$, c'est-à-dire la fonction de répartition est non décroissante;

$P_4$: $\lim\limits_{x \to -\infty} F(x) = 0$;

$P_5$: $\lim\limits_{x \to +\infty} F(x) = 1$.

- **Espérance mathématique**

  L'espérance mathématique de X, notée $\mu_X$ ou $E(X)$, est le nombre réel défini par

  $\mu_X = E(X) = x_1 f(x_1) + x_2 f(x_2) + x_3 f(x_3) + \ldots + x_n f(x_n)$.

- **Variance**

  La variance d'une variable aléatoire X, notée $Var(X)$, est un nombre réel défini par

  $Var(X) = (x_1 - \mu_X)^2 f(x_1) + (x_2 - \mu_X)^2 f(x_2)$
  $+ (x_3 - \mu_X)^2 f(x_3) + \ldots + (x_n - \mu_X)^2 f(x_n)$.

- **Écart-type**

  L'écart-type de X, noté $\sigma_X$, est le nombre réél défini par

  $\sigma_X = \sqrt{Var(X)}$ .

- **Propriétés de l'espérance et de la variance**

  $P_1$: $E(c) = c$, pour tout $c \in R$,
  $Var(c) = 0$, pour tout $c \in R$;

  $P_2$: $E(a\,X + b) = a\,E(X) + b$, pour tout $a, b \in R$,
  $Var(a\,X + b) = a^2\,Var(X)$, pour tout $a, b \in R$;

  $P_3$: $E(g(X)) = g(x_1)\,f(x_1) + g(x_2)\,f(x_2) + g(x_3)\,f(x_3) + \ldots + g(x_n)\,f(x_n)$,
  $g$ étant une fonction de la variable aléatoire X;

  $P_4$: $Var(X) = E(X^2) - [E(X)]^2 = E(X^2) - (\mu_X)^2$.

- **Variable aléatoire standardisée**

  La variable

  $Z = \dfrac{X - \mu_X}{\sigma_X}$

  est appelée la variable aléatoire standardisée associée à la variable aléatoire X.

  Nous avons
  $E(Z) = 0$ et $Var(Z) = 1$.

# *Exercices*

**25.** Soit X une variable aléatoire dont le codomaine est l'ensemble $A = \{-1, 0, 1, 2, 3\}$. Parmi les fonctions suivantes, laquelle peut définir une fonction de probabilité de la variable X?

**a)** $f(x) = \begin{cases} \dfrac{1}{5} & \text{si } x \in A \\ 0 & \text{si } x \notin A \end{cases}$ ;

**b)** $f(x) = \begin{cases} \dfrac{x}{5} & \text{si } x \in A \\ 0 & \text{si } x \notin A \end{cases}$ ;

**c)** $f(x) = \begin{cases} \dfrac{x+1}{5} & \text{si } x \in A \\ 0 & \text{si } x \notin A \end{cases}$ ;

**d)** $f(x) = \begin{cases} \dfrac{x^2}{25} & \text{si } x \in A \\ 0 & \text{si } x \notin A \end{cases}$ .

**SOLUTION**

a) Ici, nous avons

$$f(-1) = f(0) = f(1) = f(2) = f(3) = \frac{1}{5}.$$

Ainsi, pour tout $x$, nous avons
$0 \le f(x) \le 1$.

De plus
$f(-1) + f(0) + f(1) + f(2) + f(3) = 5 \times \dfrac{1}{5} = 1.$
$f$ est donc une fonction de probabilité.

b) Ici, la propriété $P_1$ n'est pas remplie, car

$$f(-1) = -\frac{1}{5} < 0.$$

$f$ n'est donc pas une fonction de probabilité.

c) Ici, nous avons

$$f(-1) = 0, f(0) = \frac{1}{10} \, , f(1) = \frac{1}{5} \, , f(2) = \frac{3}{10} \, , f(3) = \frac{4}{10}$$

et

$$f(-1) + f(0) + f(1) + f(2) + f(3) = 0 + \frac{1}{10} + \frac{1}{5} + \frac{3}{10} + \frac{4}{10} = 1.$$

La fonction $f$ est donc une fonction de probabilité.

d) Ici, nous avons

$$f(-1) = \frac{1}{25} \, , f(0) = 0, f(1) = \frac{1}{25} \, , f(2) = \frac{4}{25} \, , f(3) = \frac{9}{25} \, ,$$

alors pour tout $x$, nous avons
$f(x) \in [0, 1]$.

Cependant
$f(-1) + f(0) + f(1) + f(2) + f(3)$

$$= \frac{1}{25} + 0 + \frac{1}{25} + \frac{4}{25} + \frac{9}{25} = \frac{15}{25} \neq 1.$$

$f$ n'est donc pas une fonction de probabilité.

**RÉPONSE**

a) et c).

26. **Une personne lance un dé deux fois. Si le résultat de la face supérieure du dé est le même lors des deux lancers, elle gagne 10 \$. Si le résultat au deuxième lancer est supérieur à celui du premier, elle gagne 2 \$ et, dans le cas contraire, elle perd 5 \$. Soit X le gain de la personne.**

   a) **Déterminer la distribution de probabilité de X.**

   b) **Quelle est l'espérance de gain de la personne?**

**SOLUTION**

L'espace échantillonnal fondamental $S$ associé à cette expérience est l'ensemble de couples $(i, j)$, où $i$ est le résultat de la face supérieure du dé au premier lancer et $j$ est le résultat de la face supérieure du dé au deuxième lancer. Nous pouvons représenter cet espace au moyen du diagramme suivant :

|   | 1 | 2 | 3 | 4 | 5 | 6 |
|---|---|---|---|---|---|---|
| 1 | (1,1) | (1,2) | (1,3) | (1,4) | (1,5) | (1,6) |
| 2 | (2,1) | (2,2) | (2,3) | (2,4) | (2,5) | (2,6) |
| 3 | (3,1) | (3,2) | (3,3) | (3,4) | (3,5) | (3,6) |
| 4 | (4,1) | (4,2) | (4,3) | (4,4) | (4,5) | (4,6) |
| 5 | (5,1) | (5,2) | (5,3) | (5,4) | (5,5) | (5,6) |
| 6 | (6,1) | (6,2) | (6,3) | (6,4) | (6,5) | (6,6) |

Nous avons $N(S) = 36$.

Soit $A$ l'événement «le résultat de la face supérieure du dé est le même lors des deux lancers». Cet événement comprend les couples situés sur la diagonale principale du diagramme. Nous avons donc $N(A) = 6$.

Soit $B$ l'événement «le résultat de la face supérieure du dé au deuxième lancer est supérieur à celui obtenu au premier lancer». Cet événement comprend les couples situés au-dessus de la diagonale principale. Nous avons donc $N(B) = 15$.

Soit $C$ l'événement «le résultat sur la face supérieure du dé au deuxième lancer est inférieur à celui obtenu au premier lancer». Cet événement comprend les couples situés au-dessous de la diagonale principale. Nous avons donc $N(C) = 15$.

a) Les valeurs possibles de X sont
$x_1 = 10$ \$, $x_2 = 2$ \$, $x_3 = -5$ \$.

De plus,

$$f(x_1) = P(X = 10) = P(A) = \frac{N(A)}{N(S)} = \frac{6}{36} = \frac{1}{6}$$

$$f(x_2) = P(X = 2) = P(B) = \frac{N(B)}{N(S)} = \frac{15}{36} = \frac{5}{12}$$

$$f(x_3) = P(X = -5) = P(C) = \frac{N(C)}{N(S)} = \frac{15}{36} = \frac{5}{12} \ .$$

Nous remarquons que

$$f(x_1) + f(x_2) + f(x_3) = \frac{1}{6} + \frac{5}{12} + \frac{5}{12} = 1 ,$$

la distribution de probabilité de X est donc

$$\left\{ \left(10, \frac{1}{6}\right), \left(2, \frac{5}{12}\right), \left(-5, \frac{5}{12}\right) \right\} .$$

b) $\begin{aligned}[t] E(X) &= x_1 f(x_1) + x_2 f(x_2) + x_3 f(x_3) \\ &= 10 \times \frac{1}{6} + 2 \times \frac{5}{12} + (-5) \times \frac{5}{12} = \frac{5}{12} \approx 0,42 \end{aligned}$

**RÉPONSE**

a) $\left\{ \left(10, \frac{1}{6}\right), \left(2, \frac{5}{12}\right), \left(-5, \frac{5}{12}\right) \right\}$

b) $E(X) \approx 0,42$ \$

**27.** **Soit X une variable aléatoire dont la distribution de probabilité est donnée par**
**{(1, $k$), (2, 4$k$), (3, 9$k$), (4, 16$k$)}.**

a) **Déterminer la valeur de $k$.**

b) **Calculer $P(X < 3)$, $P(X \le 3)$, $P(X > 3)$, $P(X \le 3,1)$, $P(X < 3,1)$.**

c) **Trouver une expression mathématique concise pour la fonction de probabilité $f$.**

d) **Donner la fonction de répartition $F$ et tracer son graphique.**

e) **Évaluer $F(1,5)$, $F(-2)$, $F(3)$, $F(5,6)$.**

**SOLUTION**

a) Il faut que
$f(1) + f(2) + f(3) + f(4) = 1$,
alors
$k + 4k + 9k + 16k = 1$.

D'où $k = \dfrac{1}{30}$ . La distribution de probabilité de X est donc

$$\left\{ \left(1, \frac{1}{30}\right), \left(2, \frac{2}{15}\right), \left(3, \frac{3}{10}\right), \left(4, \frac{8}{15}\right) \right\} .$$

b) Nous calculons

$$P(X < 3) = P(X = 1) + P(X = 2) = f(1) + f(2)$$
$$= \frac{1}{30} + \frac{2}{15} = \frac{5}{30} = \frac{1}{6}$$

$$P(X \leq 3) = P(X = 1) + P(X = 2) + P(X = 3)$$
$$= \frac{1}{30} + \frac{2}{15} + \frac{3}{10} = \frac{14}{30} = \frac{7}{15}$$

$$P(X > 3) = P(X = 4) = \frac{8}{15} \text{ ou}$$

$$P(X > 3) = 1 - P(X \leq 3) = 1 - \frac{7}{15} = \frac{8}{15}$$

$$P(X \leq 3{,}1) = P(X = 1) + P(X = 2) + P(X = 3)$$
$$= \frac{1}{30} + \frac{2}{15} + \frac{3}{10} = \frac{14}{30} = \frac{7}{15}$$

$$P(X < 3{,}1) = P(X = 1) + P(X = 2) + P(X = 3)$$
$$= \frac{1}{30} + \frac{2}{15} + \frac{3}{10} = \frac{14}{30} = \frac{7}{15} = P(X \leq 3{,}1)$$

**REMARQUE** Dans le cas discret, nous avons
$$P(X < x_i) \neq P(X \leq x_i) \text{ et } P(X > x_i) \neq P(X \geq x_i)$$
$x_i$ étant une valeur prise par la variable aléatoire X.

c) Nous calculons

Si $x = 1$, alors $f(1) = 1 \times \frac{1}{30}$ .

Si $x = 2$, alors $f(2) = 4 \times \frac{1}{30} = 2^2 \times \frac{1}{30}$ .

Si $x = 3$, alors $f(3) = 9 \times \frac{1}{30} = 3^2 \times \frac{1}{30}$ .

Si $x = 4$, alors $f(4) = 16 \times \frac{1}{30} = 4^2 \times \frac{1}{30}$ .

Il est facile de trouver que

$$f(x) = \begin{cases} \dfrac{x^2}{30} & \text{si } x \in \{1, 2, 3, 4\} \\ 0 & \text{si } x \notin \{1, 2, 3, 4\} \end{cases} .$$

VARIABLES ALÉATOIRES

d) Nous calculons

$$F(1) = P(X \leq 1) = P(X = 1) = \frac{1}{30}$$

$$F(2) = P(X \leq 2) = P(X = 1) + P(X = 2) = \frac{1}{30} + \frac{2}{15} = \frac{1}{6}$$

$$F(3) = P(X \leq 3) = F(2) + P(X = 3) = \frac{1}{6} + \frac{3}{10} = \frac{7}{15}$$

$$F(4) = P(X \leq 4) = F(3) + P(X = 4) = \frac{7}{15} + \frac{8}{15} = 1$$

Ainsi

$$F(x) = \begin{cases} 0 & \text{si } x < 1 \\ \dfrac{1}{30} & \text{si } 1 \leq x < 2 \\ \dfrac{1}{6} & \text{si } 2 \leq x < 3 \\ \dfrac{7}{15} & \text{si } 3 \leq x < 4 \\ 1 & \text{si } x \geq 4 \end{cases}$$

et son graphique est

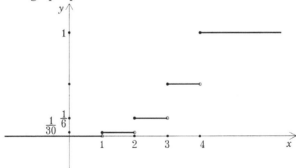

Figure 13

**REMARQUE** Dans le cas discret, la fonction de répartition n'est pas continue. Elle possède une discontinuité par saut à chaque valeur prise par la variable aléatoire.

e) Calculons :

$$F(1,5) = \frac{1}{30} \qquad \text{car } 1,5 \in [1, 2[$$

$$F(-2) = 0 \qquad \text{car } -2 \in -\infty, 1[$$

$$F(3) = \frac{7}{15} \qquad \text{car } 3 \in [3, 4[$$

$$F(5,6) = 1 \qquad \text{car } 5,6 \in [4, +\infty$$

**RÉPONSE**

a) $k = \dfrac{1}{30}$

b) $P(X < 3) = \dfrac{1}{6}$, $P(X \le 3) = \dfrac{7}{15}$, $P(X > 3) = \dfrac{8}{15}$,

$P(X \le 3,1) = \dfrac{7}{15}$, $P(X < 3,1) = \dfrac{7}{15}$

c) $f(x) = \begin{cases} \dfrac{x^2}{30} & \text{si } x \in \{1, 2, 3, 4\} \\ 0 & \text{si } x \notin \{1, 2, 3, 4\} \end{cases}$

d) $F(x) = \begin{cases} 0 & \text{si } x < 1 \\ \dfrac{1}{30} & \text{si } 1 \le x < 2 \\ \dfrac{1}{6} & \text{si } 2 \le x < 3 \\ \dfrac{7}{15} & \text{si } 3 \le x < 4 \\ 1 & \text{si } x \ge 4 \end{cases}$

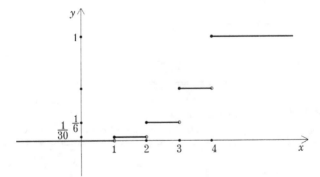

Figure 14

e) $F(1,5) = \dfrac{1}{30}$ , $F(-2) = 0$, $F(3) = \dfrac{7}{15}$ , $F(5,6) = 1$

**28.** Soit $\{(-2; 0,1), (-1; 0,3), (0; 0,2), (1; 0,1), 2; 0,2), (3; 0,1)\}$ la distribution de probabilité d'une variable aléatoire X.

a) Représenter graphiquement cette distribution.

b) Calculer E(X).

c) Trouver la distribution de la variable Y = 3X + 2 et calculer E(Y).

d) Trouver la distribution de la variable Y = X$^2$ et calculer E(Y).

e) Calculer Var(X) et Var(3X + 2).

**SOLUTION**

a) Nous pouvons représenter la distribution de probabilité de X par un diagramme à bandes verticales (voir figure 15) où nous trouvons les différentes valeurs de X sur l'axe horizontal, et les probabilités associées à chacune d'elles représentent les hauteurs des bâtons respectifs.

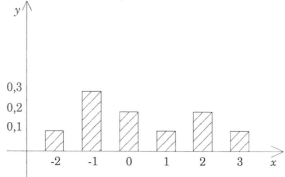

Figure 15

b) E(X) $= -2 \times 0,1 + (-1) \times 0,3 + 0 \times 0,2 + 1 \times 0,2 + 2 \times 0,2 + 3 \times 0,1 = 0,3$

c) Les valeurs possibles de la variable Y = 3X + 2 sont $-4, -1, 2, 5, 8$ et $11$, car
si X = $-2$, alors Y = 3($-2$) + 2 = $-4$

si $X = -1$, alors $Y = 3(-1) + 2 = -1$
si $X = 0$, alors $Y = 3(0) + 2 = 2$
si $X = 1$, alors $Y = 3(1) + 2 = 5$
si $X = 2$, alors $Y = 3(2) + 2 = 8$
si $X = 3$, alors $Y = 3(3) + 2 = 11$.

Également, nous avons
$P(Y = -4) = P(3X + 2 = -4) = P(X = -2) = 0,1$
$P(Y = -1) = P(X = -1) = 0,3$
$P(Y = 2) = P(X = 0) = 0,2$
$P(Y = 5) = P(X = 1) = 0,1$
$P(Y = 8) = P(X = 2) = 0,2$
$P(Y = 11) = P(X = 3) = 0,1$

et la distribution de probabilité de la variable Y est
$\{(-4; 0,1), (-1; 0,3), (2; 0,2) (5; 0,1), (8; 0,2), (11; 0,1)\}$.

Par définition, nous trouvons
$E(Y) = -4 \times 0,1 + (-1) \times 0,3 + 2 \times 0,2 + 5 \times 0,1 + 8 \times 0,2$
$\qquad + 11 \times 0,1 = 2,9$.

---

**REMARQUE**  Nous pouvons trouver l'espérance de la variable $Y = 3X + 2$ par la propriété $P_2$ de l'espérance.

$E(Y) = E(3X + 2) = 3\,E(X) + 2 = 3 \times 0,3 + 2 = 2,9$.

---

d)  Trouvons d'abord les valeurs possibles de la variable $Y = X^2$.
Nous avons :
si $X = -2$, alors $Y = (-2)^2 = 4$
si $X = -1$, alors $Y = (-1)^2 = 1$
si $X = 0$, alors $Y = 0^2 = 0$
si $X = 1$, alors $Y = 1^2 = 1$
si $X = 2$, alors $Y = 2^2 = 4$
si $X = 3$, alors $Y = 3^2 = 9$.

Les valeurs possibles de Y sont donc
0, 1, 4 et 9.

De plus
$P(Y = 0) = P(X = 0) = 0,2$
$P(Y = 1) = P(X = -1 \text{ ou } X = 1) = P(X = -1) + P(X = 1)$
$\qquad = 0,3 + 0,1 = 0,4$
$P(Y = 4) = P(X = -2 \text{ ou } X = 2) = P(X = -2) + P(X = 2)$
$\qquad = 0,1 + 0,2 = 0,3$
$P(Y = 9) = P(X = 3) = 0,1$.

La distribution de probabilité de Y est donc
{(0; 0,2), (1; 0,4), (4; 0,3), (9; 0,1)}
et son espérance
$E(Y) = 0 \times 0,2 + 1 \times 0,4 + 4 \times 0,3 + 9 \times 0,1 = 2,14.$

REMARQUE

Nous pouvons calculer $E(Y)$ à l'aide de la propriété $P_3$ de l'espérance. Nous trouvons
$E(Y) = E(X^2) = (-2)^2 f(-2) + (-1)^2 f(-1) + (0)^2 f(0)$
$\quad + (1)^2 f(1) + (2)^2 f(2) + (3)^2 f(3)$
$\quad = 4 \times 0,1 + 1 \times 0,3 + 0 + 1 \times 0,1 + 4 \times 0,2$
$\quad + 9 \times 0,1 = 2,14.$

e)   Par la propriété $P_4$, nous trouvons
$Var(X) = E(X^2) - [E(X)]^2 = 2,14 - (0,3)^2 = 2,05,$
et par la propriété $P_2$ pour la variance, nous trouvons
$Var(3X + 2) = 3^2\, Var(X) = 9 \times 2,05 = 18,45.$

**RÉPONSE**

a)   Voir la solution.

b)   $E(X) = 0,3$

c)   {(−4; 0,1), (−1; 0,3), (2; 0,2) (5; 0,1), (8; 0,2), (11; 0,1)}
$E(Y) = E(3X + 2) = 2,9$

d)   {(0; 0,2), (1; 0,4), (4; 0,3), (9; 0,1)}
$E(Y) = E(X^2) = 2,14$

e)   $Var(X) = 2,05$
$Var(3X + 2) = 18,45$

**29.** **Une compagnie d'assurances veut vendre des polices d'assurance-vie de 10 000 \$ à des personnes âgées de 65 ans. Si la probabilité qu'une personne ayant cet âge décède au cours de l'année suivant l'achat de la police est de 0,05, quelle prime annuelle doit exiger la compagnie si elle veut générer un profit moyen de 50 \$ par police vendue?**

**SOLUTION**

Soit X le profit réalisé par la compagnie d'assurances sur la police vendue et $p$ la prime annuelle exigée par la compagnie. Les valeurs possibles de X sont $p$ et $p$ –10 000. De plus, la probabilité qu'une personne ne décède pas dans l'année suivant l'achat de la police est 1 – 0,05 = 0,95, c'est-à-dire $P(X = p) = 0,95$, et la probabilité que la personne décède dans l'année suivant l'achat de la police est 0,05, c'est-à-dire $P(X = p - 10\,000) = 0,05$. Ainsi, la distribution de probabilité de la variable X est $\{(p, 0,95), (p - 10\,000, 0,05)\}$ et $E(X) = p \times 0,95 + (p - 10\,000) \times 0,05$.

Nous cherchons la valeur de $p$ telle que
$p \times 0,95 + (p - 10\,000) \times 0,05 = 50$ \$.

En solutionnant cette équation, nous trouvons $p = 550$ \$

**RÉPONSE**

$p = 550$ \$

**30. Trois élèves suivent le cours de math. 307 dans trois classes différentes. À la fin de la session, ils comparent leurs notes. Le premier élève ($E_1$) a une note de 80 alors que la moyenne de sa classe est de 70 et l'écart-type est de 10. Le deuxième élève ($E_2$) a une note de 70 alors que la moyenne de sa classe est de 60 et l'écart-type est de 1. Le troisième élève ($E_3$) a une note de 75 alors que la moyenne de sa classe est de 70 et l'écart-type est de 20. Lequel de ces élèves est le meilleur?**

**SOLUTION**

Pour comparer les notes des trois élèves, nous devons ramener chacune des variables représentant les notes d'une classe à une variable centrée réduite Z.

Pour la variable X qui représente les notes des élèves de la classe de $E_1$, nous avons $E(X) = 70$ et $\sigma_X = 10$, alors

$$Z = \frac{X - 70}{10}$$

et le résultat centré réduit de $E_1$ est

$$Z_{E_1} = \frac{80 - 70}{10} = 1 \, .$$

Pour la variable Y qui représente les notes des élèves de la classe de $E_2$, nous avons $E(Y) = 60$ et $\sigma_Y = 1$, alors

$$Z = \frac{Y - 60}{1}$$

et le résultat centré réduit de $E_2$ est

$$Z_{E_2} = \frac{70 - 60}{1} = 10 \,.$$

Pour la variable W qui représente les notes des élèves de la classe de $E_3$, nous avons $E(W) = 70$ et $\sigma_X = 20$, alors

$$Z = \frac{W - 70}{20}$$

et le résultat centré réduit de $E_3$ est

$$Z_{E_3} = \frac{75 - 70}{20} = 0{,}25 \,.$$

Puisque le résultat centré réduit de $E_2$ est le plus élevé, c'est donc cet élève qui est le meilleur.

**RÉPONSE**

L'élève $E_2$ est le meilleur.

# TRAITEMENT D'UNE VARIABLE ALÉATOIRE DISCRÈTE DÉNOMBRABLE

**3**

Soit X une variable aléatoire discrète prenant un nombre infini dénombrable de valeurs :
$x_1, x_2, x_3, \ldots$ .

- La distribution de probabilité d'une variable aléatoire discrète dénombrable comprend une infinité dénombrable de couples
  $\{(x_1, f(x_1)), (x_2, f(x_2)), (x_3, f(x_3)), \ldots \}$.

- L'espérance de la variable aléatoire discrète dénombrable est donnée par
  $E(X) = x_1 f(x_1) + x_2 f(x_2) + x_3 f(x_3) + \ldots$

$$= \sum_{i=1}^{+\infty} x_i f(x_i)$$

  si cette série converge.

- $\text{Var}(X) = E(X^2) - [E(X)]^2$
  où
  $E(X^2) = (x_1)^2 f(x_1) + (x_2)^2 f(x_2) + (x_3)^2 f(x_3) + \ldots$

$$= \sum_{i=1}^{+\infty} (x_i)^2 f(x_i)$$

  si cette série converge.

# *Exercices*

31. **Nous lançons une pièce de monnaie. La variable aléatoire X représente le nombre de lancers avant d'obtenir «pile» pour la première fois.**

    a) **Trouver la distribution de probabilité de X.**

**b)** **Calculer E(X), E(X$^2$) et Var(X).**

**SOLUTION**

Cette expérience peut être schématisée par un diagramme en arbre :

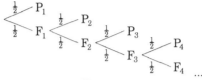

Figure 16

où $P_i$ est l'événement «le résultat du $i^e$ lancer est pile» et $F_i$ ,«le résultat du $i^e$ lancer est face».

a)  Les valeurs possibles de X sont 1, 2, 3, 4, ... et

$$f(1) = P(X = 1) = P(P_1) = \frac{1}{2}$$

$$f(2) = P(X = 2) = P(F_1 \cap P_2) = \frac{1}{2} \times \frac{1}{2} = \left(\frac{1}{2}\right)^2$$

$$f(3) = P(X = 3) = P(F_1 \cap F_2 \cap P_3) = \frac{1}{2} \times \frac{1}{2} \times \frac{1}{2} = \left(\frac{1}{2}\right)^3$$

Ainsi, la distribution de probabilité de X est

$$\left\{\left(1, \frac{1}{2}\right), \left(2, \left(\frac{1}{2}\right)^2\right), \left(3, \left(\frac{1}{2}\right)^3\right), \dots\right\}.$$

b)  Par la définition de l'espérance, nous avons

$$E(X) = 1 \times \frac{1}{2} + 2 \times \left(\frac{1}{2}\right)^2 + 3 \times \left(\frac{1}{2}\right)^3 + 4 \times \left(\frac{1}{2}\right)^4 + \dots$$

$$= \frac{1}{2} + \left(\frac{1}{2}\right)^2 + \left(\frac{1}{2}\right)^3 + \left(\frac{1}{2}\right)^4 + \dots$$

$$+ \left(\frac{1}{2}\right)^2 + \left(\frac{1}{2}\right)^3 + \left(\frac{1}{2}\right)^4 + \dots$$

$$+ \left(\frac{1}{2}\right)^3 + \left(\frac{1}{2}\right)^4 + \dots$$

$$+ \left(\frac{1}{2}\right)^4 + \dots \, .$$

Dans chaque ligne, nous avons la somme d'une série géométrique et nous savons que

$$a + ar + ar^2 + ar^3 + \dots = \frac{a}{1-r} \text{ si } |r| < 1.$$

Ainsi

$$\frac{1}{2} + \left(\frac{1}{2}\right)^2 + \left(\frac{1}{2}\right)^3 + \left(\frac{1}{2}\right)^4 + \dots = \frac{\frac{1}{2}}{1 - \frac{1}{2}} = 1$$

$$\text{(ici, } a = \frac{1}{2} \text{ et } r = \frac{1}{2} \text{)}$$

$$\left(\frac{1}{2}\right)^2 + \left(\frac{1}{2}\right)^3 + \left(\frac{1}{2}\right)^4 + \dots = \frac{\left(\frac{1}{2}\right)^2}{1 - \frac{1}{2}} = \frac{1}{2}$$

$$\text{(ici, } a = \left(\frac{1}{2}\right)^2 \text{ et } r = \frac{1}{2} \text{)}$$

$$\left(\frac{1}{2}\right)^3 + \left(\frac{1}{2}\right)^4 + \dots = \frac{\left(\frac{1}{2}\right)^3}{1 - \frac{1}{2}} = \left(\frac{1}{2}\right)^2$$

$$\text{(ici, } a = \left(\frac{1}{2}\right)^3 \text{ et } r = \frac{1}{2} \text{)}$$

et

$$E(X) = 1 + \frac{1}{2} + \left(\frac{1}{2}\right)^2 + \left(\frac{1}{2}\right)^3 + \dots = \frac{1}{1 - \frac{1}{2}} = 2$$

$$\text{(ici, } a = 1 \text{ et } r = \frac{1}{2} \text{)}.$$

Trouvons $E(X^2)$.

Les valeurs possibles de $X^2$ sont 1, 4, 9, 16, ..., et

$$f(1) = P(X^2 = 1) = P(X = 1) = \frac{1}{2}$$

$$f(4) = P(X^2 = 4) = P(X = 2) = \left(\frac{1}{2}\right)^2$$

$$f(9) = P(X^2 = 9) = P(X = 3) = \left(\frac{1}{2}\right)^3$$

$$f(16) = P(X^2 = 16) = P(X = 4) = \left(\frac{1}{2}\right)^4 \ldots .$$

Ainsi, la distribution de probabilité de $X^2$ est

$$\left\{ \left(1, \frac{1}{2}\right), \left(4, \left(\frac{1}{2}\right)^2\right), \left(9, \left(\frac{1}{2}\right)^3\right), \left(16, \left(\frac{1}{2}\right)^4\right), \ldots \right\}$$

et

$$E(X^2) = 1 \times \frac{1}{2} + 4 \times \left(\frac{1}{2}\right)^2 + 9 \times \left(\frac{1}{2}\right)^3 + 16 \times \left(\frac{1}{2}\right)^4 + \ldots$$

$$= \frac{1}{2} + \left(\frac{1}{2}\right)^2 + \left(\frac{1}{2}\right)^3 + \left(\frac{1}{2}\right)^4 + \ldots$$

$$+ 3 \times \left[ \left(\frac{1}{2}\right)^2 + \left(\frac{1}{2}\right)^3 + \left(\frac{1}{4}\right)^4 + \ldots \right]$$

$$+ 5 \times \left[ \left(\frac{1}{2}\right)^3 + \left(\frac{1}{2}\right)^4 + \ldots \right]$$

$$+ 7 \times \left[ \left(\frac{1}{2}\right)^4 + \ldots \right] + \ldots$$

$$= 1 + 3 \times \frac{1}{2} + 5 \times \left(\frac{1}{2}\right)^2 + 7 \times \left(\frac{1}{2}\right)^3 + \ldots$$

$$= 1 + \frac{1}{2} + \left(\frac{1}{2}\right)^2 + \left(\frac{1}{2}\right)^3 + \ldots$$

$$+ 2 \times \left[ \frac{1}{2} + \left(\frac{1}{2}\right)^2 + \left(\frac{1}{2}\right)^3 + \ldots \right]$$

$$+ 2 \times \left[ \left(\frac{1}{2}\right)^2 + \left(\frac{1}{2}\right)^3 + \ldots \right]$$

$$+ 2 \times \left[ \left( \frac{1}{2} \right)^3 + \ldots \right] + \ldots$$

$$= 1 + 1 + 2 \times 1 + 2 \times \frac{1}{2} + 2 \times \left( \frac{1}{2} \right)^2 + 2 \times \left( \frac{1}{2} \right)^3 + \ldots$$

$$= 2 + 2 \times \left[ 1 + \frac{1}{2} + \left( \frac{1}{2} \right)^2 + \left( \frac{1}{2} \right)^3 + \ldots \right] = 2 + 2 \times 2 = 6.$$

Donc, $E(X^2) = 6$.

Trouvons $Var(X)$.

$Var(X) = E(X^2) - [E(X)]^2 = 6 - 4 = 2$

**RÉPONSE**

a) $\left\{ \left( 1, \frac{1}{2} \right), \left( 2, \left( \frac{1}{2} \right)^2 \right), \left( 3, \left( \frac{1}{2} \right)^3 \right), \ldots \right\}$

b) $E(X) = 2$ $\quad E(X^2) = 6$ $\quad Var(X) = 2$

# 4 TRAITEMENT D'UNE VARIABLE ALÉATOIRE CONTINUE

Soit X une variable continue et soit $F$ sa fonction de répartition, c'est-à-dire la fonction définie pour tout $x$ réel par

$$F(x) = P(X \leq x).$$

· **Densité de probabilité**

La fonction $f$ définie et intégrable dans $R$ qui satisfait à la condition

$$\forall a, b \in R, P(a < X \leq b) = \int_a^b f(x)dx$$

est appelée densité de probabilité de la variable X.

· **Propriétés de la fonction de densité**

$P_1$: $f(x) \geq 0$ pour tout $x \in R$;

$P_2$: $\int_{-\infty}^{+\infty} f(x)dx = 1$;

$P_3$: $F(x) = \int_{-\infty}^{x} f(t)dt$ ;

$P_4$: $f(x) = \dfrac{dF(x)}{dx} = F'(x)$ pour tout $x$ où la dérivée de $F$ existe.

Soit X une variable continue ayant $f$ comme fonction de densité. Alors

1.  $E(X) = \mu_X = \int_{-\infty}^{+\infty} xf(x)dx$ ;

2.  $Var(X) = E\left((X - \mu_X)^2\right) = \int_{-\infty}^{+\infty} (x - \mu_x)^2 f(x)dx$ .

# *Exercices*

32. **Soit la fonction *f* donnée par**

$$f(x) = \begin{cases} 0,1 & \text{si } -1 < x \le 1 \\ cx & \text{si } 1 < x \le 2 \\ 0 & \text{si } x \le -1 \text{ ou } x > 2 \end{cases}.$$

a) **Quelle doit être la valeur de *c* pour que *f* devienne la densité de probabilité d'une variable aléatoire X?**

b) **Trouver $P(-0,5 \le X \le 2)$ en utilisant la fonction de densité *f*. Donner l'interprétation de cette probabilité sur le graphique de *f*.**

c) **Trouver *F* et tracer son graphique.**

d) **Trouver $P(-0,5 \le X \le 2)$ en utilisant la fonction de répartition *F*.**

e) **Calculer E(X), E(X²) et Var(X).**

**SOLUTION**

a)

Calculons $\int_{-\infty}^{+\infty} f(x)dx$ .

$$\int_{-\infty}^{+\infty} f(x)dx = \int_{-\infty}^{-1} 0\,dx + \int_{-1}^{1} 0,1\,dx + \int_{1}^{2} c\,x\,dx + \int_{2}^{+\infty} 0\,dx$$

$$= 0 + 0,1x\Big|_{-1}^{1} + \frac{cx^2}{2}\Big|_{1}^{2} + 0 = 0,2 + \frac{3}{2}c .$$

Puisque *f* doit être une fonction de densité, alors

$$\int_{-\infty}^{+\infty} f(x)dx = 1,$$

c'est-à-dire

$$0,2 + \frac{3}{2}c = 1,$$

d'où

$$c = \frac{8}{15} .$$

b) Nous savons que

$P(a \le X \le b) = \int_a^b f(x)dx$ .

Alors

$$P(-0,5 \le X \le 2) = \int_{-0,5}^{2} f(x)dx = \int_{-0,5}^{1} 0,1dx + \int_{1}^{2} \frac{8}{15}x dx$$

$$= 0,1x \Big|_{-0,5}^{1} + \frac{4}{15}x^2 \Big|_{1}^{2} = \frac{57}{60} .$$

Sur le graphique de la fonction $f$, cette probabilité est représentée par l'aire de la région sous la courbe de $f$, limitée par les droites $x = -0,5$ et $x = 2$ (région hachurée de la figure 17).

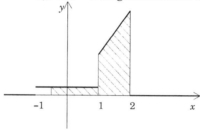

Figure 17

La fonction $f$ n'est pas continue. Elle possède des discontinuités par saut en $x = -1$, $x = 1$ et $x = 2$.

c)  Nous savons que

$$F(x) = P(X \le x) = \int_{-\infty}^{x} f(t)dt .$$

À l'aide du graphique de $f$, nous pouvons facilement voir que si $x \le -1$, alors

$$F(x) = \int_{-\infty}^{x} 0dx = 0$$

si $-1 < x \le 1$, alors

$$F(x) = \int_{-\infty}^{x} f(t)dt = \int_{-\infty}^{-1} 0dt + \int_{-1}^{x} 0,1dt = 0 + 0,1t \Big|_{-1}^{x} = 0,1x + 0,1$$

si $1 < x \le 2$, alors

$$F(x) = \int_{-\infty}^{x} f(t)dt = \int_{-\infty}^{-1} 0\,dt + \int_{-1}^{1} 0{,}1\,dt + \int_{1}^{x} \frac{8}{15}t\,dt$$

$$= 0 + 0{,}1t \Big|_{-1}^{1} + \frac{4t^2}{15}\Big|_{1}^{x} = 0{,}2 + \frac{4}{15}x^2 - \frac{4}{15} = \frac{4x^2 - 1}{15}$$

si $x > 2$, alors

$$F(x) = \int_{-\infty}^{x} f(t)dt = \int_{-\infty}^{-1} 0\,dt + \int_{-1}^{1} 0{,}1\,dt + \int_{1}^{2} \frac{8}{15}t\,dt + \int_{2}^{x} 0\,dt$$

$$= 0{,}1t \Big|_{-1}^{1} + \frac{4t^2}{15}\Big|_{1}^{2} + 0 = 0{,}2 + 0{,}8 = 1 .$$

Ainsi

$$F(x) = \begin{cases} 0 & \text{si } x \leq -1 \\ 0{,}1\,x + 0{,}1 & \text{si } -1 < x \leq 1 \\ \dfrac{4x^2 - 1}{15} & \text{si } 1 < x \leq 2 \\ 1 & \text{si } x > 2 \end{cases}$$

et son graphique est (voir figure 18)

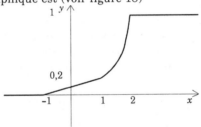

Figure 18

 La fonction $F$ est continue dans $R$ et sa dérivée existe pour tout $x$ sauf pour $x = -1$, $x = 1$ et $x = 2$. Pour toute valeur de $x$ où la dérivée de $F$ existe, nous avons $F'(x) = f(x)$, par exemple, pour $x \in\, ]1, 2[$

$$F'(x) = \frac{d\left(\dfrac{4x^2 - 1}{15}\right)}{dx} = \frac{8x}{15} = f(x).$$

d)   Par le calcul simple, nous trouvons

$$P(-0,5 \leq X \leq 2) = 1 - P\ (X > 2 \text{ ou } X < -0,5)$$
$$= 1 - [P(X > 2) + P(X < -0,5)]$$
$$= 1 - P(X > 2) - P(X < -0,5) = P(X \leq 2) - P(X < -0,5)$$
$$= P(X \leq 2) - P(X \leq -0,5) = F(2) - F(-0,5)$$
$$= 1 - [0,1 \times (-0,5) + 0,1] = 0,95.$$

**REMARQUE**    Pour une variable continue X dont $F$ est la fonction de répartition, nous avons

1.  $P(X < a) = P(X \leq a)$ pour tout $a$ réel;

2.  $P(a \leq X \leq b) = F(b) - F(a)$ pour tout $a$ et $b$ dans $R$.

e)  $E(X) = \displaystyle\int_{-\infty}^{+\infty} x f(x)dx = \int_{-\infty}^{-1} 0\,dx + \int_{-1}^{1} 0,1\,x\,dx + \int_{1}^{2} \frac{8}{15}x^2 dx + \int_{2}^{+\infty} 0\,dx$

$= 0,1\dfrac{x^2}{2}\bigg|_{-1}^{1} + \dfrac{8}{45}x^3 = 0 + \dfrac{64}{45} - \dfrac{8}{45} = \dfrac{56}{45}$

$E(X^2) = \displaystyle\int_{-\infty}^{+\infty} x^2 f(x)dx = \int_{-1}^{1} 0,1\,x^2 dx + \int_{1}^{2} \frac{8}{15}x^3 dx =$

$= 0,1\dfrac{x^3}{3}\bigg|_{-1}^{1} + \dfrac{8}{15}\dfrac{x^4}{4}\bigg|_{1}^{2} = \dfrac{31}{15}$

$\text{Var}(X) = E(X^2) - [E(X)]^2 = \dfrac{31}{15} - \left[\dfrac{56}{45}\right]^2 = \dfrac{1\,049}{2\,025} \approx 0,518$

**RÉPONSE**

a)  $c = \dfrac{8}{15}$

b)  $P(-0,5 \leq X \leq 2) = 0.95$

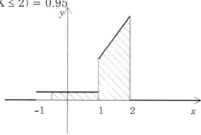

Figure 19

c) $$F(x) = \begin{cases} 0 & \text{si } x \le -1 \\ 0{,}1\,x + 0{,}1 & \text{si} -1 < x \le 1 \\ \dfrac{4x^2 - 1}{15} & \text{si } 1 < x \le 2 \\ 1 & \text{si } x > 2 \end{cases}$$

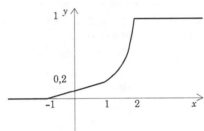

Figure 20

d) 0,95

e) $E(X) = \dfrac{56}{45}$, $E\left(X^2\right) = \dfrac{31}{15}$, $Var(X) \approx 0{,}518$

# Lois de probabilité

1- Lois discrètes : loi binomiale et loi de Poisson

2- Lois continues : uniforme, exponentielle, normale

# LOIS DISCRÈTES : LOI BINOMIALE ET LOI DE POISSON

- **Épreuve de Bernoulli**

  Une épreuve de Bernoulli est une expérience aléatoire dont l'ensemble des résultats comprend deux éléments : succès et échec.

  La probabilité d'obtenir un succès est notée $p$, alors que la probabilité d'obtenir un échec est $q = 1 - p$.

- **Expérience de Bernoulli**

  Une expérience de Bernoulli est une suite de $n$ épreuves de Bernoulli qui satisfont aux conditions suivantes :

  - les épreuves sont identiques, indépendantes et effectuées dans les mêmes conditions;

  - le nombre $n$ est déterminé à l'avance;

  - la probabilité d'obtenir un succès est constante d'une épreuve à l'autre.

- **Loi binomiale**

  La variable aléatoire X qui représente le nombre de succès obtenus au cours d'une expérience de Bernoulli est dite variable aléatoire binomiale ou variable suivant la loi binomiale. On note ce phénomène $X \rightarrow B(n, p)$, où $n$ est le nombre d'épreuves et $p$, la probabilité de succès à chaque épreuve.

  La fonction de probabilité $f$ d'une telle variable est donnée par

  $$f(x) = P(X = x) = \begin{cases} \binom{n}{x} p^x (1 - p)^{n-x} & \text{si } x \in \{0, 1, 2, ..., n\} \\ 0 & \text{ailleurs} \end{cases}$$

L'espérance et la variance d'une variable aléatoire X $\to$ $B(n, p)$ sont respectivement
E(X) = $np$ et Var(X) = $np$ $(1 - p)$.

- **Loi de Poisson**

La variable aléatoire X dont la fonction de probabilité $f$ est donnée par

$$f(x) = P(X = x) = \begin{cases} e^{-\lambda} \dfrac{\lambda^x}{x!} & \text{si } x \in \{0, 1, 2, \dots\} \\ 0 & \text{ailleurs} \end{cases}$$

est dite variable de Poisson de paramètre $\lambda$ ($\lambda > 0$). On note ce phénomène X $\to$ $Po(\lambda)$.

L'espérance et la variance de la variable de Poisson sont
E(X) = $\lambda$, Var(X) = $\lambda$.

La loi de Poisson est souvent utilisée pour régir le nombre de réalisations d'un événement.

REMARQUE La loi de Poisson sert d'approximation à la loi binomiale. Lorsque $n$ est grand et que $p$ est petit, le calcul de $B(n, p)$ devient difficile. On peut se servir de la loi de Poisson avec comme paramètre $\lambda = np$.

# *Exercices*

33. **Calculer les probabilités** $P(X = 1)$ **et** $P(X > 1)$ **si X est**

   a) **une variable binomiale de paramètres** $n$ = 6 **et** $p$ = 0,25;

   b) **une variable binomiale de paramètres** $n$ = 20 **et** $p$ = 0,075;

   c) **une variable binomiale de paramètres** $n$ = 100 **et** $p$ = 0,015;

   d) **une variable de Poisson de paramètre** $\lambda$ = 1,5.

**SOLUTION**

a) Par la définition de la fonction de probabilité de la variable binomiale, nous trouvons

$$P(X = 1) = \binom{6}{1}(0,25)^1(1 - 0,25)^5 = 6 \times 0,25 \times (0,75)^5 \approx 0,3560.$$

Nous pouvons trouver cette probabilité en nous servant de la table de la distribution binomiale. À la section $n = 6$, à l'intersection de la ligne $x = 1$ et de la colonne $p = 0,25$, nous trouvons cette valeur soit, 0,356 0.

| $n$ | $x$ $^p$ | ... 0,20 | 0,25 | 0,30 ... |
|-----|-----|-----|-----|-----|
| ⋮ | | | | |
| 6 | 0 | ... 0,262 1 | 0,178 0 | 0,117 6 ... |
| | 1 | ... 0,393 2 | 0,356 0 | 0,302 5 ... |
| | 2 | 0,245 8 | 0,296 6 | 0,324 1 ... |
| | 3 | . | 0,131 8 | . |
| | 4 | . | 0,133 0 | . |
| | 5 | . | 0,004 4 | . |
| | 6 | . | 0,0002 | . |
| ⋮ | | | | |

Le calcul de $P(X > 1)$.
$$P(X > 1) = P(X = 2) + P(X = 3) + .... + P(X = 6).$$

En nous servant de la table ci-dessus, il suffit d'additionner les valeurs de la colonne $p = 0,25$ à partir de la ligne $x = 2$, dans la section $n = 6$.

Nous pouvons aussi calculer cette probabilité à l'aide de la propriété $P_4$ de la probabilité :

$$P(X > 1) = 1 - P(X \le 1) = 1 - [P(X = 0) + P(X = 1)]$$

$$= 1 - \left[ \binom{6}{0}(0,25)^0(1 - 0,25)^6 + \binom{6}{1}(0,25)^1(1 - 0,25)^5 \right]$$

$$\approx 1 - [0,1780 + 0,3560] = 1 - 0,534\ 0 = 0,466\ 0.$$

b)  Ici, nous avons

$$P(X=1)=\binom{20}{1}(0,075)^1(1-0,075)^{19}\approx 0,341\,0$$

et

$$P(X=0)=\binom{20}{0}(0,075)^0(1-0,075)^{20}=0,210\,3\;.$$

Par la propriété $P_4$ de la probabilité, nous trouvons
$P(X > 1) = 1 - P(X \le 1) = 1 - [P(X = 0) + P(X = 1)]$
$\approx 1 - [0,210\,3 + 0,341\,0] = 1 - 0,551\,3 = 0,448\,7.$

c)  Pour la variable aléatoire $X \rightharpoonup B(100; 0,015)$, nous trouvons

$$P(X=1)=\binom{100}{1}(0,015)^1(0-0,015)^{99}\approx 0,336\,0$$

et

$$P(X=0)=\binom{100}{0}(0,015)^0(1-0,015)^{100}\approx 0,220\,6\;.$$

Alors
$P(X > 1) = 1 - P(X \le 1) = 1 - [P(X = 0) + P(X = 1)]$
$\approx 1 - [0,220\,6 + 0,336\,0] = 1 - 0,556\,6 = 0,443\,4.$

d)  Pour la variable aléatoire $X \rightharpoonup Po(1,5)$, nous trouvons

$$P(X=1)=e^{-1,5}\frac{(1,5)^1}{1!}=e^{-1,5}\times 1,5 \approx 0,3347$$

et

$$P(X=0)=e^{-1,5}\frac{(1,5)^0}{0!}=e^{-1,5}\approx 0,2231\;.$$

Ces probabilités, calculées précédemment au long, auraient pu être obtenues à l'aide de la table de la distribution de Poisson. À l'intersection de la ligne $x = 1$ et de la colonne $\lambda = 1,5$, nous trouvons la valeur 0,334 7, et à l'intersection de la ligne $x = 0$ et de la colonne $\lambda = 1,5$, nous trouvons la valeur 0,223 1 (voir tableau ci-après).

| $x^{\lambda}$ | ... 1,4 | 1,5 | 1,6 ... |
|---|---|---|---|
| 0 | ... 0,246 6 | 0,223 1 | 0,201 9 ... |
| 1 | ... 0,345 2 | 0,334 7 | 0,323 0 ... |
| 2 | | | |
| ⋮ | | | |

Comme dans les exemples précédents, nous trouvons aussi
$$P(X > 1) = 1 - P(X \leq 1) = 1 - [P(X = 0) + P(X = 1)]$$
$$\approx 1 - [0{,}223\ 1 + 0{,}334\ 7] = 1 - 0{,}557\ 8 = 0{,}442\ 2.$$

 **REMARQUE** Nous pouvons constater ici la qualité de l'approximation d'une variable binomiale par une variable de Poisson. En *a)*, *b)* et *c)*, nous avons $np = 1{,}5$. Cependant, en *a)*, l'approximation n'est pas permise, car la valeur de $n$ n'est pas suffisamment grande. L'approximation de la variable X suivant une loi binomiale de paramètres $n$ et $p$, où $np = 1{,}5$, par une variable aléatoire de Poisson, avec $\lambda = np = 1{,}5$ comme paramètre, est la meilleure en *c)*.

**RÉPONSE**

a) $P(X = 1) \approx 0{,}356\ 0$
   $P(X > 1) \approx 0{,}466\ 0$

b) $P(X = 1) \approx 0{,}341\ 0$
   $P(X > 1) \approx 0{,}448\ 7$

c) $P(X = 1) \approx 0{,}336\ 0$
   $P(X > 1) \approx 0{,}443\ 4$

d) $P(X = 1) \approx 0{,}334\ 7$
   $P(X > 1) \approx 0{,}442\ 2$

34. **L'administration d'un collège a constaté que 20 % des élèves inscrits à un cours l'abandonnent avant la fin. L'administration voudrait qu'il y ait au moins 15 élèves par classe qui terminent leur cours. Si 20 élèves sont**

**inscrits à un cours, quelle est la probabilité que le souhait de l'administration soit exaucé?**

**SOLUTION**

Nous supposons que la probabilité qu'un élève abandonne soit égale à 0,20. Si X représente le nombre d'élèves qui terminent un cours, alors X suit une loi binomiale avec $n = 20$ et $p = 1 - 0,20 = 0,80$. Nous avons alors

$P(X \geq 15) = P(X = 15) + P(X = 16) + \ldots + P(X = 20)$.

Par la définition de la fonction de probabilité, nous obtenons

$$P(X \geq 15) = \binom{20}{15}(0,80)^{15}(0,20)^5 + \binom{20}{16}(0,80)^{16}(0,20)^4 +$$

$$\ldots + \binom{20}{20}(0,80)^{20}(0,20)^0 \approx 0,174\ 6 + 0,218\ 2 + 0,205\ 4$$

$$+ 0,136\ 9 + 0,057\ 6 + 0,011\ 5 = 0,804\ 2.$$

Pour éviter ce calcul fastidieux, nous pouvons nous servir de la table de la distribution binomiale. Remarquons d'abord que, dans cette table, il n'y a pas de valeurs de $p$ supérieures à 0,5. Mais il est toujours possible d'inverser l'interprétation d'un succès en échec et vice versa.

Si $Y$ représente le nombre d'élèves qui abandonnent un cours, alors $Y$ suit la loi binomiale avec $n = 20$ et $p = 0,20$. Nous cherchons alors

$P(Y \leq 5) = P(Y = 0) + P(Y = 1) + \ldots + P(Y = 5)$.

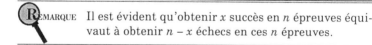

**R**EMARQUE    Il est évident qu'obtenir $x$ succès en $n$ épreuves équivaut à obtenir $n - x$ échecs en ces $n$ épreuves.

Dans la section $n = 20$, nous additionnons les valeurs à l'intersection de la colonne $p = 0,20$ et des lignes $x = 0$, $x = 1$, ... et $x = 5$. Ainsi

$P(Y \leq 5) \approx 0,011\ 5 + 0,057\ 6 + 0,136\ 9 + 0,205\ 4 + 0,218\ 2$
$\qquad + 0,174\ 6 = 0,804\ 2.$

**RÉPONSE**

$P(X \geq 15) = 0,804\ 2$

35. **Dans certaines régions, 30 % de la population sont du type sanguin O$^+$. On y choisit, au hasard, 20 personnes.**

   a) **Quelle est la probabilité que cinq personnes dans cet échantillon soient du type sanguin O$^+$?**

   b) **Quel est le nombre de personnes du type sanguin O$^+$ le plus probable dans cet échantillon?**

   c) **Combien de personnes du type sanguin O$^+$ espérons-nous avoir dans cet échantillon?**

**SOLUTION**

Nous pouvons considérer le choix de 20 personnes comme 20 épreuves indépendantes dont la probabilité de succès (personne du type sanguin O$^+$) est de 0,30. La variable aléatoire X qui représente le nombre de succès est donc une variable binomiale de paramètres $n = 20$ et $p = 0,30$.

a) $P(X = 5) = \binom{20}{5}(0,30)^5(1-0,30)^{15} \approx 0,178\ 9$

b) Dans la section $n = 20$ de la table de la distribution binomiale, la colonne $p = 0,30$ représente les probabilités $P(X = x)$ des valeurs possibles de X, c'est-à-dire les valeurs de la fonction de probabilité de la variable $X \to B(20; 0,30)$.

| $x$ | $P(X = x) = f(x)$ |
|-----|-------------------|
| 0   | 0,000 8           |
| 1   | 0,006 8           |
| 2   | 0,027 8           |
| 3   | 0,071 6           |
| 4   | 0,130 4           |
| 5   | 0,178 9           |
| 6   | 0,191 8           |
| 7   | 0,164 3           |

| 8 | 0,114 4 |
|---|---|
| ⋮ | |
| ⋮ | |

Nous voyons que $f$ atteint son maximum pour $x = 6$, alors il s'agit du nombre de personnes de type sanguin $O^+$ le plus probable dans l'échantillon de 20 personnes.

c) Nous cherchons ici l'espérance de la variable X :
$E(X) = np = 20 \times 0,30 = 6$.

REMARQUE    La valeur la plus probable d'une variable aléatoire X, appelée mode, n'est pas toujours égale à l'espérance.

### RÉPONSE

a)  $P(X = 5) = 0,178\ 9$

b)  six personnes

c)  six personnes

**36. Combien pouvons-nous espérer trouver de familles ayant autant de garçons que de filles dans un échantillon de 1 000 familles**

  **a)  comptant 2 enfants?**

  **b)  comptant 4 enfants?**

### SOLUTION

Nous supposons ici que la probabilité de la naissance d'un garçon est la même que celle d'une fille, soit $\frac{1}{2}$. Le diagramme en arbre ci-après nous permet de trouver la probabilité de succès en *a)*, c'est-à-dire d'avoir une famille comptant deux enfants donc un garçon et une fille,

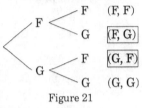

1ᵉʳenfant 2ᵉenfant S

Figure 21

Nous avons deux cas favorables sur quatre cas possibles, alors $p = \dfrac{2}{4} = \dfrac{1}{2}$.

Le deuxième diagramme nous permet de trouver la probabilité du succès en *b)*, c'est-à-dire la probabilité d'avoir une famille comptant quatre enfants (deux garçons et deux filles).

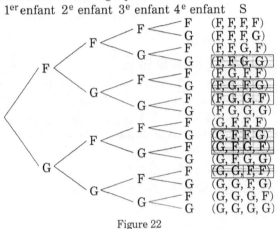

Figure 22

Ici, nous avons 6 cas favorables sur 16 possibilités, alors la probabilité d'avoir autant de garçons que de filles dans une famille comptant 4 enfants est $p = \dfrac{6}{16} = \dfrac{3}{8}$.

a) La variable aléatoire X, qui représente le nombre de familles ayant autant de garçons que de filles dans un échantillon de 1 000 familles comptant 2 enfants, est une variable suivant la loi binomiale de paramètres $n = 1\ 000$ et $p = \dfrac{1}{2}$. L'espérance de cette variable étant

$$E(X) = np = 1\ 000 \times \frac{1}{2} = 500,$$

nous pouvons donc espérer trouver 500 familles ayant 2 garçons et 2 filles dans un échantillon de 1 000 familles comptant 2 enfants.

b) Ici, la variable aléatoire X suit une loi binomiale de paramètres $n = 1\ 000$ et $p = \dfrac{3}{8}$. Alors

$$E(X) = np = 1\ 000 \times \frac{3}{8} = 375,$$

et nous pouvons espérer trouver 375 familles ayant autant de garçons que de filles dans un échantillon de 1 000 familles comptant 4 enfants.

**RÉPONSE**

a) 500 familles

b) 375 familles

**37.** **Statistiquement, on vend en moyenne 10 unités d'un certain bien de consommation chaque jour. Trouver :**

    **a)** **la probabilité que l'on vende cinq unités une journée donnée;**

    **b)** **la probabilité que l'on vende 10 unités sur une période de 2 jours;**

    **c)** **la probabilité que l'on vende cinq unités pendant deux jours consécutifs;**

    **d)** **la probabilité qu'en une journée on n'observe aucune vente de ce bien;**

    **e)** **le nombre d'unités le plus probable pouvant être vendues en une journée.**

**SOLUTION**

Voilà un exemple classique d'application de la loi de Poisson! Le nombre de ventes journalières est une variable aléatoire suivant la loi de Poisson avec comme paramètre $\lambda = 10$ (la vente moyenne selon les statistiques).

a) Nous cherchons ici

$$P(X = 5) = e^{-10}\frac{10^5}{5!} \approx 0{,}037\,8 \; .$$

Nous pouvons trouver cette valeur à l'intersection de la ligne $x = 5$ et de la colonne $\lambda = 10$ de la table de la distribution de Poisson.

b) Soit Y la variable aléatoire représentant le nombre de biens vendus en deux jours. Cette variable suit la loi de Poisson de paramètre $\lambda = 2 \times 10 = 20$.

Nous cherchons alors

$$P(Y = 10) = e^{-20}\frac{20^{10}}{10!} \approx 0{,}005\,8 \; .$$

Nous pouvons trouver cette valeur à l'intersection de la colonne $\lambda = 20$ et de la ligne $x = 10$ de la table de la distribution de Poisson.

c) Par le principe de multiplication, nous trouvons

$$P(X = 5)P(X = 5) = e^{-10}\frac{10^5}{5!}\,e^{-10}\frac{10^5}{5!} \approx (0{,}0378)^2 \approx 0{,}001\,4$$

REMARQUE    Notons que la probabilité que l'on vende 10 unités en 2 jours est différente de celle que l'on vende 5 unités pendant 2 jours consécutifs. En effet, nous avons

$P(Y = 10) = P(X = 0)\,P(X = 10)$
$\qquad + P(X = 1)\,P(X = 9) + \ldots$
$\qquad + P(X = 10)\,P(X = 0)$.

d) Nous cherchons ici

$$P(X = 0) = e^{-10}\frac{10^0}{0!} \approx 0{,}000\,045 \; .$$

e) Dans la colonne $\lambda = 10$ de la table de la distribution de Poisson, nous trouvons la valeur maximale, soit $0{,}125\,1$ (comparer avec l'exercice 35 b)). Cette valeur est associée à deux valeurs possibles de la variable X. Alors nous avons deux nombres d'unités le plus probables d'être vendus en une journée, soit 9 ou 10.

**RÉPONSE**

a) 0,037 8

b) 0,005 8

c) 0,001 4

d) 0,000 045

e) 9 ou 10 unités

**38. Supposons qu'une équipe de baseball frappe en moyenne 0,85 coup sûr en une manche de jeu et qu'une partie comprenne 9 manches. Quelle est la probabilité que, lors d'une partie, il y ait au moins sept manches au cours desquelles une équipe frappera au moins un coup sûr?**

**SOLUTION**

 REMARQUE    Nous avons ici deux variables aléatoires; la première représente le nombre de coups sûrs frappés dans une manche, et la seconde, le nombre de manches au cours desquelles une équipe frappe au moins un coup sûr.

Soit $p$ la probabilité de frapper au moins un coup sûr en une manche. Notons que nous ignorons quelle est cette probabilité. Si X est le nombre de manches où au moins un coup sûr a été frappé, X suit une loi binomiale de paramètres $n = 9$ et $p$ (un succès est une manche dans laquelle une équipe frappe au moins un coup sûr). Nous cherchons donc $P(X \geq 7)$.

Nous trouvons d'abord la valeur de $p$.

Soit Y le nombre de coups sûrs frappés dans une manche. La variable aléatoire Y suit la loi de Poisson de paramètre $\lambda = 0,85$. Nous avons alors

$$p = P(Y \geq 1) = 1 - P(Y < 1) = 1 - P(Y = 0) = 1 - e^{-0,85}\frac{(0,85)^0}{0!} \approx 0,572\,6.$$

Ensuite, nous revenons au calcul de $P(X \geq 7)$. Nous savons maintenant que X est une variable binomiale de paramètres $n = 9$ et $p = 0,572\ 6$. Ainsi

$P(X \geq 7) = P(X = 7) + P(X = 8) + P(X = 9)$

$$= \binom{9}{7}(0,572\ 6)^7(1 - 0,572\ 6)^2 + \binom{9}{8}(0,572\ 6)^8(1 - 0,572\ 6)^1$$

$$+ \binom{9}{9}(0,572\ 6)^9(1 - 0,572\ 6)^0$$

$$\approx 0,132\ 7 + 0,044\ 5 + 0,006\ 6 = 0,183\ 8$$

**RÉPONSE**

$P(X \geq 7) = 0,183\ 8$

# LOIS CONTINUES : UNIFORME, EXPONENTIELLE, NORMALE

- **Loi uniforme**

  Une variable aléatoire X suit une loi uniforme dans l'intervalle $[a, b]$ si sa fonction de densité est donnée par

  $$f(x) = \begin{cases} \dfrac{1}{b-a} & \text{si } x \in [a,b] \\ 0 & \text{si } x \notin [a,b] \end{cases}.$$

  Nous notons ce phénomène
  $X \to U(a, b)$.

  L'espérance et la variance d'une variable aléatoire $X \to U(a, b)$ sont

  $$E(X) = \frac{a+b}{2} \quad \text{et} \quad \text{Var}(X) = \frac{(b-a)^2}{12}.$$

- **Loi exponentielle**

  Une variable aléatoire X suit une loi exponentielle de paramètre $a$ $(a > 0)$ si sa fonction de densité $f$ est donnée par

  $$f(x) = \begin{cases} a\,e^{-ax} & \text{si } x \geq 0 \\ 0 & \text{si } x < 0 \end{cases}.$$

  Nous notons ce phénomène $X \to Exp(a)$.

  L'espérance et la variance d'une variable aléatoire exponentielle sont

  $$E(X) = \frac{1}{a} \quad \text{et} \quad \text{Var}(X) = \frac{1}{a^2}.$$

- **Loi normale**

  Une variable aléatoire X est dite normale de paramètres $\mu$ et $\sigma^2$ si sa fonction de densité est donnée par

$$f(x) = \frac{1}{\sigma\sqrt{2\pi}} \, e^{-\frac{1}{2}\left(\frac{x-\mu}{\sigma}\right)^2} , \quad \forall \, x \in R .$$

Nous notons ce phénomène $X \rightsquigarrow N(\mu, \sigma^2)$.

L'espérance et la variance de la variable $X \rightsquigarrow N(\mu, \sigma^2)$ sont

$E(X) = \mu$ et $Var(X) = \sigma^2$.

- **Propriétés de la fonction de densité de la loi normale**

$P_1$: Le graphique de la fonction de densité $f$ d'une variable aléatoire $X \rightsquigarrow N(\mu, \sigma^2)$ est symétrique par rapport à l'axe $x = \mu$ (voir figure 23). Au point $x = \mu$ la fonction $f$ atteint son maximum, dont la valeur est

$$f(\mu) = \frac{1}{\sigma\sqrt{2\pi}} .$$

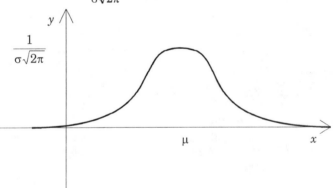

Figure 23

$P_2$: $P(a \leq X \leq b) = \displaystyle\int_a^b f(x)\,dx$

est l'aire de la surface comprise entre le graphique de $f$, l'axe des $x$ et les droites $x = a$ et $x = b$ (voir figure 24).

- **Additivité de la loi normale**

Si $X_1$ et $X_2$ sont deux variables indépendantes suivant la loi normale de paramètres $\mu_1, \mu_2$ et $\sigma_1^2, \sigma_2^2$ respectivement, alors la variable aléatoire

$X = a_1 X_1 + a_2 X_2 + b,$

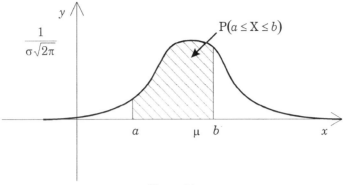

Figure 24

où $a_1$, $a_2$ et $b$ sont des constantes, est aussi une variable aléatoire suivant la loi normale. Les paramètres respectifs sont

$$\mu = a_1\mu_1 + a_2\mu_2 + b \text{ et } \sigma^2 = a_1{}^2\sigma_1{}^2 + a_2{}^2\sigma_2{}^2.$$

- **Loi normale centrée réduite (standardisée)**

La loi normale de paramètres $\mu = 0$ et $\sigma^2 = 1$ est dite loi normale centrée réduite.

Une variable aléatoire $X \rightsquigarrow N(\mu, \sigma^2)$ peut être standardisée par l'égalité

$$Z = \frac{X - \mu}{\sigma},$$

et nous avons

$$P(a \le X \le b) = P\left(\frac{a - \mu}{\sigma} \le \frac{X - \mu}{\sigma} \le \frac{b - \mu}{\sigma}\right)$$

$$= P\left(\frac{a - \mu}{\sigma} \le Z \le \frac{b - \mu}{\sigma}\right).$$

Tous les calculs de probabilités d'une variable normale s'effectuent à partir de la table 1 en annexe (voir figure 25).

- **Approximation de la loi binomiale par une loi normale**

Une variable aléatoire binomiale $X \rightsquigarrow B(n, p)$, où $n$ est suffisamment grand et où $p$ est voisine de $\frac{1}{2}$, peut être approximée par la variable $Y$ suivant la loi normale

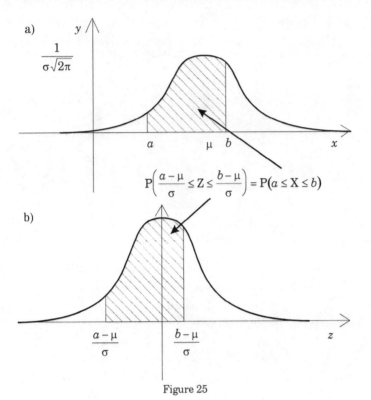

Figure 25

$N(\mu, \sigma^2)$, la moyenne et la variance sont respectivement
$\mu = np$ et $\sigma^2 = np(1 - p)$.

Nous avons

$$P(X = x) \approx P\left(x - \frac{1}{2} < Y < x + \frac{1}{2}\right) \text{ et}$$

$$P(X \leq x) \approx P\left(Y < x + \frac{1}{2}\right).$$

· **Seuil de probabilité : $z_\alpha$**

Le nombre $z_\alpha$ défini par l'équation
$P(Z > z_\alpha) = \alpha,$
où Z est une variable normale centrée réduite et $\alpha$,
un nombre réel dans l'intervalle $]0, 1[$, est dit seuil
de probabilité (voir figure 26).

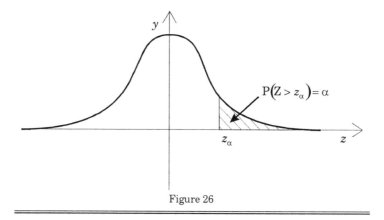

Figure 26

# *Exercices*

**39. Calculer $P(X < 0)$, $P(X > 1{,}571)$ et $P(-1 < X < 1)$ lorsque X est une variable**

a) **uniforme dans l'intervalle $[-1, 2]$;**

b) **exponentielle de paramètre $a = 2$;**

c) **normale centrée réduite;**

d) **normale de paramètres $\mu = 2$ et $\sigma^2 = 5$.**

**SOLUTION**

Nous calculons les probabilités d'une variable aléatoire continue en intégrant la fonction de densité $f$ dans l'intervalle approprié.

a) Ici, nous avons

$$f(x) = \begin{cases} \dfrac{1}{b-a} = \dfrac{1}{2-(-1)} = \dfrac{1}{3} & \text{si } x \in [-1, 2], \\ 0 & \text{si } x \notin [-1, 2] \end{cases}$$

alors

$$P(X < 0) = \int_{-\infty}^{0} f(x)\,dx = \int_{-\infty}^{-1} 0\,dx + \int_{-1}^{0} \frac{1}{3}\,dx = 0 + \frac{1}{3}x\bigg|_{-1}^{0} = 0 - \frac{1}{3}(-1) = \frac{1}{3}$$

**REMARQUE** Pour calculer $P(X < 0)$, il faut intégrer la fonction de densité dans l'intervalle $-\infty$, $0[$, mais comme pour $x < -1$ la densité est nulle, nous n'avons qu'à intégrer de $-1$ à $0$, c'est-à-dire

$$\int_{-\infty}^{0} f(x)dx = \int_{-1}^{0} \frac{1}{3}\,dx\,.$$

$$P(X > 1{,}571) = \int_{1{,}571}^{+\infty} f(x)dx = \int_{1{,}571}^{2} \frac{1}{3}\,dx = \frac{1}{3}\,x\Big|_{1{,}571}^{2}$$

$$= \frac{1}{3}\,(2 - 1{,}571) = 0{,}143$$

$$P(-1 < X < 1) = \int_{-1}^{1} f(x)dx = \int_{-1}^{1} \frac{1}{3}\,dx = \frac{1}{3}\,x\Big|_{-1}^{1} = \frac{2}{3}$$

 **REMARQUE** Notons que l'intervalle de définition $[-1, 2]$ étant un intervalle de longueur 3, et l'intervalle à évaluer, soit $]-1, 1[$, de longueur 2, nous n'avons qu'à prendre le rapport entre ces deux longueurs pour obtenir le résultat, soit $2 \div 3$.

b)  La fonction de densité étant

$$f(x) = \begin{cases} 2e^{-2x} & \text{si } x \geq 0 \\ 0 & \text{si } x < 0 \end{cases},$$

nous trouvons
$P(X < 0) = 0$.

Pour calculer $P(X > 1{,}571)$, nous devons intégrer la fonction de densité dans l'intervalle $]1{,}571;\ +\infty$. Alors

$$P(X > 1{,}571) = \int_{1{,}571}^{+\infty} f(x)dx = \int_{1{,}571}^{+\infty} 2e^{-2x}\,dx\,.$$

Nous pouvons aussi appliquer la propriété $P_4$ de la probabilité

$$P(X > 1{,}571) = 1 - P(X \leq 1{,}571) = 1 - \int_{-\infty}^{1{,}571} f(x)dx = 1 - \int_{0}^{1{,}571} 2e^{-2x}dx\,.$$

Parmi les deux intégrales $\int\limits_{1,571}^{+\infty} 2e^{-2x}dx$ et $\int\limits_{0}^{1,571} 2e^{-2x}dx$, celle

dans l'intervalle [0; 1,57] est plus facile à calculer. Ainsi

$$P\big(X > 1,571\big) = 1 - \int\limits_{0}^{1,571} 2e^{-2x}dx = 1 - 2\frac{e^{-2x}}{-2}\bigg|_{0}^{1,571}$$

$$= 1 + \big(e^{-3,142} - 1\big) = \frac{1}{e^{3,142}} \approx 0,043\,2$$

$$P\big(-1 < X < 1\big) = \int\limits_{-1}^{1} f(x)dx = \int\limits_{0}^{1} 2e^{-2x}dx = 2\frac{e^{-2x}}{-2}\bigg|_{0}^{1}$$

$$= -\big(e^{-2} - 1\big) = 1 - \frac{1}{e^2} \approx 0,864\,7\,.$$

c) Le présent exercice a pour objectif d'apprendre à lire la table des probabilités de la loi normale centrée réduite. Pour l'utiliser, il est souvent nécessaire de connaître les identités suivantes :

(1) $P(Z < z) = 0,5 + P(0 < Z < z) = 0,5 + \Phi_0(z)$ si $z \geq 0$

(2) $P(Z < z) = 0,5 - P(0 < Z < |z|) = 0,5 - \Phi_0(|z|)$ si $z < 0$,

où $\Phi_0(z) = P(0 < Z < z) = \frac{1}{\sqrt{2\pi}}\int\limits_{0}^{z} e^{-\frac{t^2}{2}}dt$,

c'est-à-dire une valeur que nous trouvons à la table 1 en annexe.

La variable X suit une loi normale centrée réduite, alors

$P(X < 0) = 0,5 + \Phi_0(0)$

$P(X > 1,571) = 1 - P(X < 1,571) = 1 - [0,5 + \Phi_0(1,571)]$

$\qquad = 0,5 - \Phi_0(1,571)$

$P(-1 < X < 1) = F(1) - F(-1)$ (voir remarque de

$\qquad\qquad\qquad\qquad\qquad\qquad$ l'exercice 32 *d*))

$\qquad = P(X < 1) - P(X < -1) = 0,5 + \Phi_0(1) - [0,5 - \Phi_0(1)]$

$\qquad = 2\,\Phi_0(1)$

Dans la table 1, nous lisons $\Phi_0(0) = 0$, $\Phi_0(1) \approx 0,341\,3$ et $\Phi_0(1,571)$. Nous trouvons par interpolation linéaire

$\Phi_0(1,571) \approx \Phi_0(1,57) + \frac{1}{10}[\Phi_0(1,58) - \Phi_0(1,57)]$

$\qquad \approx 0,441\,8 + \frac{1}{10}(0,442\,9 - 0,441\,8) = 0,441\,91$.

Alors

$P(X < 0) = 0,5$

$P(X > 1,571) \approx 0,5 - 0,441\ 91 = 0,058\ 09$
$P(-1 < X < 1) \approx 2 \times 0,341\ 3 = 0,682\ 6.$

d)  Nous avons ici une variable aléatoire X suivant la loi $N(2, 5)$. Pour pouvoir utiliser la table 1, nous devons d'abord traduire les probabilités cherchées sous la forme d'une variable centrée réduite

$$Z = \frac{X-2}{\sqrt{5}}.$$

$$P(X < 0) = P\left(\frac{X-2}{\sqrt{5}} < \frac{0-2}{\sqrt{5}}\right) = P\left(Z < \frac{-2}{\sqrt{5}}\right) \approx P(Z < -0,894)$$

$$P(X > 1,571) = P\left(\frac{X-2}{\sqrt{5}} > \frac{1,571-2}{\sqrt{5}}\right) \approx P(Z > -0,192)$$

$$P(-1 < Z < 1) = P\left(\frac{-1-2}{\sqrt{5}} < \frac{X-2}{\sqrt{5}} < \frac{1-2}{\sqrt{5}}\right) \approx P(-1,342 < Z < 0,447).$$

Nous pourrons ensuite utiliser les tables pour trouver les probabilités désirées.

$P(Z < -0,894) = 0,5 - \Phi_0(0,894)$
$\qquad \approx 0,5 - \{\Phi_0(0,89) + 0,4[\Phi_0(0,9) - \Phi_0(0,89)]\}$
$\qquad \approx 0,5 - [0,3133 + 0,4(0,3159 - 0,3133)] = 0,18568$

$P(Z > -0,192) = 1 - P(Z < -0,192) = 1 - [0,5 - \Phi_0(0,192)]$
$\qquad = 0,5 + \Phi_0(0,192)$
$\qquad \approx 0,5 + \Phi_0(0,19) + 0,2\ [\Phi_0(0,2) - \Phi_0(0,19)]$
$\qquad \approx 0,5 + 0,0753 + 0,2\ (0,0793 - 0,0753) = 0,5761$

$P(-1,342 < Z < 0,447) = P(Z < 0,447) - P(Z < -1,342)$
$\qquad = 0,5 + \Phi_0(0,447) - [0,5 - \Phi_0(1,342)]$
$\qquad = \Phi_0(0,447) + \Phi_0(1,342)$
$\qquad \approx \Phi_0(0,44) + 0,7\ [\Phi_0(0,45) - \Phi_0(0,44)]$
$\qquad + \Phi_0(1,34) + 0,2[\Phi_0(1,35) - \Phi_0(1,34)]$
$\qquad \approx 0,170\ 0 + 0,7\ (0,173\ 6 - 0,170\ 0)$
$\qquad + 0,409\ 9 + 0,2(0,411\ 5 - 0,409\ 9)$
$\qquad = 0,172\ 52 + 0,410\ 22 = 0,582\ 74$

## RÉPONSE

a)  $P(X < 0) = \frac{1}{3}$ $\qquad\qquad$ $P(X > 1,571) = 0,143$
$\quad P(-1 < X < 1) = \frac{2}{3}$

b)  $P(X < 0) = 0$ $\qquad\qquad$ $P(X > 1,571) \approx 0,0432$
$\quad P(-1 < X < 1) \approx 0,864\ 7$

c)  $P(X < 0) = 0,5$ $\qquad\qquad$ $P(X > 1,571) \approx 0,058\ 09$

$P(-1 < X < 1) \approx 0,682\ 6$

d) $P(X < 0) \approx 0,185\ 68$ $\qquad$ $P(X > 1,571) \approx 0,576\ 1$

$P(-1 < X < 1) \approx 0,582\ 74$

**40. Soit X une variable aléatoire normale $N(10, 4)$. Trouver la valeur $x$ telle que $P(X \le x) = 0,95$.**

**SOLUTION**

Pour pouvoir utiliser la table 1 en annexe, nous ramenons l'énoncé sous la forme d'une variable aléatoire centrée réduite.

$$P(X \le x) = P\left(\frac{X-10}{2} \le \frac{x-10}{2}\right) = P\left(Z \le \frac{x-10}{2}\right) = 0,95.$$

Nous cherchons la valeur de $x$. Il s'agit donc d'effectuer une procédure inverse à celle de chercher la valeur d'une probabilité dans la table 1. Nous devons parcourir cette table afin de trouver pour quelle valeur de $z$ $\left(z = \frac{x-10}{2}\right)$ on obtient la probabilité donnée. Comme $0,95 > 0,5$, nous devons retrancher $0,5$ et chercher dans la table 1 la valeur $\Phi_0(z) = 0,45$. Cette valeur ne se trouve pas exactement dans la table. Nous devons alors trouver deux valeurs voisines, soit la valeur $0,4495$ qui est associée à $z = 1,64$ et la valeur $0,4505$ qui est associée à $z = 1,65$. Comme $0,45$ est la moyenne des deux, alors nous prenons

$$z = \frac{1,64 + 1,65}{2} = 1,645$$

comme résultat. Ainsi

$$\frac{x-10}{2} = 1,645,$$

d'où $x = 13,29$.

**RÉPONSE**

$x = 13,29$

**41. Pour se rendre à l'école, un élève a deux possibilités : prendre un autobus qui le déposera au métro ou prendre un autre autobus qui se rendra directement à l'école. L'élève arrive à l'arrêt à une heure qui est uniformément distribuée entre 7 h 30 et 7 h 45 et prend le premier autobus qui passe. Les heures de passage de**

l'autobus qui se rend au métro sont 7 h 32, 7 h 40 et 7 h 47. L'autre autobus passe à 7 h 35 et à 7 h 44.

a) Quelle est la probabilité que l'élève aille à l'école en métro?

b) Quelle est la probabilité que l'élève aille à l'école en métro au moins trois jours par semaine?

c) À l'aide de la table de la loi normale, trouver la probabilité qu'au cours d'une année scolaire ($n$ = 180 jours) l'élève aille à l'école en métro 90 fois.

**SOLUTION**

a) Soit X la variable aléatoire représentant l'heure d'arrivée à l'arrêt. En prenant 7 h 30 comme l'origine, X suit une loi uniforme dans l'intervalle [0, 15].

Si l'élève arrive entre 7 h 30 et 7 h 32, 7 h 35 et 7 h 40, 7 h 44 et 7 h 45, il prendra l'autobus qui se rend au métro. La portion de temps où il prendra cet autobus est donc de

$$\frac{2+5+1}{15} = \frac{8}{15} \text{ (voir figure 27)}.$$

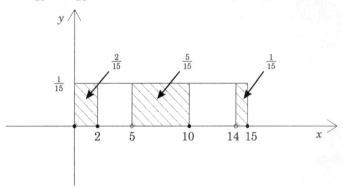

Figure 27

Sous forme d'intégrales, nous écrivons

$$\int_0^2 \frac{1}{15}\,dx + \int_5^{10} \frac{1}{15}\,dx + \int_{14}^{15} \frac{1}{15}\,dx = \frac{1}{15}x\Big|_0^2 + \frac{1}{15}x\Big|_5^{10} + \frac{1}{15}x\Big|_{14}^{15}$$

$$= \frac{2}{15} + \frac{5}{15} + \frac{1}{15} = \frac{8}{15}\ .$$

b) La variable aléatoire Y représentant le nombre de jours d'une semaine où l'élève se rend à l'école en métro suit la loi binomiale de paramètres $n = 5$ et $p = \dfrac{8}{15}$. Nous avons donc

$$P(Y \geq 3) = P(Y = 3) + P(Y = 4) + P(Y = 5)$$

$$= \binom{5}{3}\left(\frac{8}{15}\right)^3\left(\frac{7}{15}\right)^2 + \binom{5}{4}\left(\frac{8}{15}\right)^4\left(\frac{7}{15}\right) + \binom{5}{5}\left(\frac{8}{15}\right)^5 \approx 0{,}5623.$$

c) La variable aléatoire T représentant le nombre de jours où l'élève se rend à l'école en métro au cours d'une année scolaire suit la loi binomiale de paramètres $n = 180$ et $p = \dfrac{8}{15}$. Nous avons ici $n$ suffisamment grand et $p$ voisine de 0,5, alors cette variable peut être approximée par la variable N suivant la loi normale $N(\mu, \sigma^2)$, où

$$\mu = np = 180 \times \frac{8}{15} = 96 \text{ et } \sigma^2 = np(1 - p) = 44{,}8.$$

Nous avons alors

$$P(T = 90) = P\left(90 - \frac{1}{2} < N < 90 + \frac{1}{2}\right) = P(N < 90{,}5) - P(N < 89{,}5).$$

Nous calculons ces probabilités à l'aide de la table 3 en annexe (comparer avec l'exercice 39 $d$)).

$$P(N < 90{,}5) = P\left(\frac{N - 96}{44{,}8} < \frac{90{,}5 - 96}{44{,}8}\right) = P(Z < -0{,}123)$$

$$= 0{,}5 - \Phi_0(0{,}123) \approx 0{,}5 - 0{,}04897 = 0{,}45103$$

$$P(N < 89{,}5) = P\left(\frac{N - 96}{44{,}8} < \frac{89{,}5 - 96}{44{,}8}\right) = P(Z < -0{,}145)$$

$$= 0{,}5 - \Phi_0(0{,}145) \approx 0{,}5 - 0{,}05769 = 0{,}44239$$

Ainsi

$$P(T = 90) \approx 0{,}45103 - 0{,}44239 = 0{,}00868.$$

**RÉPONSE**

a) $\dfrac{8}{15}$

b) 0,5623

c) 0,00868

**42.** **Les revenus annuels des membres d'un ordre profes-sionnel sont distribués normalement avec $\mu = 90$ et $\sigma = 12,5$ (en milliers de dollars). Comment diviser l'échelle des revenus pour obtenir des groupes compre-nant 10 %, 20 %, 40 %, 20 % et 10 % des membres d'un ordre professionnel (en ordre croissant de revenus) ?**

**SOLUTION**

Il s'agit de trouver les quatre salaires
$$s_1 < s_2 < s_3 < s_4$$
qui serviront de bornes aux cinq classes salariales. Si X désigne le salaire (en milliers de dollars), alors ces salaires devront satisfaire aux équations suivantes :

$$P(X \le s_1) = 0,1 \qquad \Leftrightarrow \quad P\left(\frac{X-90}{12,5} \le \frac{s_1-90}{12,5}\right) = 0,1$$

$$P(s_1 < X \le s_2) = 0,2 \Leftrightarrow \quad P\left(\frac{s_1-90}{12,5} < \frac{X-90}{12,5} \le \frac{s_2-90}{12,5}\right) = 0,2$$

$$P(s_2 < X \le s_3) = 0,4 \Leftrightarrow \quad P\left(\frac{s_2-90}{12,5} < \frac{X-90}{12,5} \le \frac{s_3-90}{12,5}\right) = 0,4$$

$$P(s_3 < X \le s_4) = 0,2 \Leftrightarrow \quad P\left(\frac{s_3-90}{12,5} < \frac{X-90}{12,5} \le \frac{s_4-90}{12,5}\right) = 0,2$$

$$P(X > s_4) = 0,1 \qquad \Leftrightarrow \quad P\left(\frac{X-90}{12,5} > \frac{s_4-90}{12,5}\right) = 0,1$$

Comme $0,1 < 0,5$, alors $\dfrac{s_1-90}{12,5} < 0$ (voir figure 28).

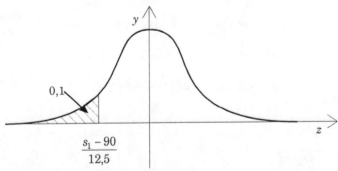

Figure 28

Nous obtenons pour la première équation

$$P\left(\frac{X-90}{12,5} \leq \frac{s_1-90}{12,5}\right) = 0,1 \Leftrightarrow P\left(Z \leq \frac{s_1-90}{12,5}\right) = 0,1$$

$$\Leftrightarrow 0,5 - \Phi_0\left(\left|\frac{s_1-90}{12,5}\right|\right) = 0,1 \Leftrightarrow \Phi_0\left(\left|\frac{s_1-90}{12,5}\right|\right) = 0,4$$

et, dans la table 1, nous trouvons $\left|\dfrac{s_1-90}{12,5}\right| \approx 1,28$,

alors $\dfrac{s_1-90}{12,5} \approx -1,25$, d'où $s_1 = 90 - 1,28 \times 12,5 = 74$.

Nous obtenons pour la deuxième équation

$$P\left(-1,28 < Z \leq \frac{s_2-90}{12,5}\right) = 0,2 \Leftrightarrow P\left(Z \leq \frac{s_2-90}{12,5}\right) - P(Z < -1,28) = 0,2$$

$$\Leftrightarrow P\left(Z \leq \frac{s_2-90}{12,5}\right) - 0,1 = 0,2 \Leftrightarrow P\left(Z \leq \frac{s_2-90}{12,5}\right) = 0,3$$

$$\Leftrightarrow 0,5 - \Phi_0\left(\left|\frac{s_2-90}{12,5}\right|\right) = 0,3 \Leftrightarrow \Phi_0\left(\left|\frac{s_2-90}{12,5}\right|\right) = 0,2$$

et, dans la table 1, nous trouvons $\left|\dfrac{s_2-90}{12,5}\right| \approx 0,525$,

alors $\dfrac{s_2-90}{12,5} \approx -0,525$, d'où $s_2 = 90 - 0,525 \times 12,5 = 83,4375$.

Remarquons que nous obtenons immédiatement, par symétrie, la valeur de $s_3$ et de $s_4$ (voir figure 29).

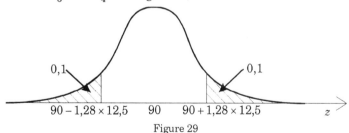

Figure 29

$s_3 = 90 + 0,525 \times 12,5 = 96,5625$
$s_4 = 90 + 1,28 \times 12,5 = 106$

**RÉPONSE**

$s_1 = 74\,000\ \$ \qquad s_2 = 83\,437,5\ \$ \qquad s_3 = 96\,562,5\ \$ \quad s_4 = 106\,000\ \$$

# Statistique descriptive

1- Traitement des données

2- Régression et corrélation

# TRAITEMENT DES DONNÉES

- **Terminologie**

La **population** est l'ensemble de référence lors de l'étude d'un problème donné.

L'**échantillon** est un sous-ensemble de la population.

Le **caractère** est l'aspect particulier que l'on veut étudier. Il est dit **quantitatif** si ses modalités s'expriment par des nombres; dans le cas contraire, il est dit **qualitatif**.

Un caractère quantitatif est **discret** si l'ensemble des valeurs qu'il peut prendre est fini ou infini dénombrable.

Un caractère quantitatif est dit **continu** s'il peut prendre n'importe quelle valeur dans un intervalle de nombres réels.

La **série statistique** est l'ensemble de valeurs d'un caractère associées aux éléments d'un échantillon.

La **fréquence** d'une donnée est le nombre d'apparitions de cette donnée dans la série statistique.

- **Mesures de tendance centrale**

La **moyenne**, notée $\bar{x}$,

- d'une série de $n$ données non groupées en classes est

$$\bar{x} = \frac{\sum_{i=1}^{n} x_i}{n} \;;$$

- d'une série de $n$ données groupées en $k$ classes est

$$\bar{x} = \frac{\sum_{j=1}^{k} m_j f_j}{n} \;,$$

où $m_j$ et $f_j$ sont le point milieu et la fréquence de la $j$ $^e$ classe.

La **médiane**, notée $Me$,

- d'une série de $n$ données non groupées en classes est la valeur dont le rang est $\dfrac{n+1}{2}$ (si $n$ est impair) ou la valeur moyenne des données dont les rangs sont $\dfrac{n}{2}$ et $\dfrac{n}{2}+1$ (si $n$ est pair)

$$Me = \begin{cases} x_{(n+1)/2} & \text{si } n \text{ est impair} \\[2mm] \dfrac{x_{n/2} + x_{n/2+1}}{2} & \text{si } n \text{ est pair} \end{cases} \quad ;$$

- d'une série de $n$ données groupées en $k$ classes est la valeur donnée par

$$Me = L_j + \left( \frac{\dfrac{n}{2} - F_{j-1}}{f_j} \right) c \, ,$$

où $L_j$, $f_j$ et $c$ représentent la limite inférieure, la fréquence et l'amplitude de la classe contenant la médiane, $F_{j-1}$ la fréquence cumulée de la classe précédente.

Le **mode**, noté $Mo$, est la donnée la plus fréquente (si elle existe).

· **Mesures de dispersion**

L'**étendue** d'une série de données représente l'écart entre la plus grande et la plus petite donnée.

La **variance**, notée $s^2$,

- d'une série de $n$ données non groupées en classes est

$$s^2 = \frac{\displaystyle\sum_{i=1}^{n} (x_i - \bar{x})^2}{n-1} \, ;$$

- d'une série de $n$ données groupées en $k$ classes est

$$s^2 = \frac{\sum\limits_{j=1}^{k} f_j (m_j - \bar{x})^2}{n-1},$$

où $f_j$ et $m_j$ représentent la fréquence et le milieu de la $j^e$ classe.

On appelle **écart-type** la racine carrée de la variance.

- Le **quantile d'ordre** $\alpha$, noté $q_\alpha$, est la valeur d'un caractère pour laquelle on trouve une proportion $\alpha$ de données dans la série qui lui sont inférieures ou égales.

- La **cote Z** d'une donnée représente le nombre d'écarts-types séparant cette donnée de la moyenne de cette série, soit

Cote $Z = \dfrac{x_i - \bar{x}}{s}$ .

# *Exercices*

**43.** Le tableau ci-dessous contient des renseignements concernant une flotte de voitures d'occasion.

| modèle | couleur | kilomé-trage | année de production | nombre de portes |
|--------|---------|--------------|---------------------|------------------|
| Corolla | Blanc | 76 750 | 1994 | 4 |
| Cavalier | Gris | 110 000 | 1990 | 4 |
| Axxess | Turquoise | 57 450 | 1996 | 4 |
| Corvette | Noir | 235 235 | 1983 | 2 |
| BMW320 | Noir | 9 985 | 1998 | 2 |
| Intrepid | Vert | 50 100 | 1996 | 4 |
| Corsica | Rouge | 155 490 | 1988 | 4 |
| Cirrus | Amande | 51 112 | 1996 | 2 |

| modèle | couleur | kilomé-trage | année de production | nombre de portes |
|--------|---------|--------------|---------------------|------------------|
| Neon | Blanc | 25 971 | 1996 | 4 |
| Golf | Vert | 90 510 | 1990 | 2 |
| Intrepid | Rouge | 121 000 | 1994 | 4 |
| Cutlass | Rouge | 115 972 | 1991 | 4 |

**Identifier le type de chaque caractère (modèle, couleur, kilométrage, etc.) et choisir le diagramme qui le représente le mieux.**

### SOLUTION ET RÉPONSE

La marque et la couleur sont les caractères dont les modalités ne sont pas numériques; ce sont donc des caractères qualitatifs. Le diagramme à bandes rectangulaires, le diagramme circulaire ou le pictogramme sont les façons de représenter graphiquement les séries de données d'un caractère qualitatif. Dans notre exemple, nous choisissons le diagramme à bandes rectangulaires, car il y a beaucoup de modalités alors que leurs fréquences sont petites.

 S'il y a beaucoup de modalités, le diagramme circulaire est plus difficile à comprendre.

 **R**EMARQUE Dans le cas d'une distribution où les fréquences de données sont très grandes, nous pourrions représenter un caractère qualitatif par un pictogramme.

Dans les trois dernières colonnes, nous avons les données numériques, donc les données des trois caractères quantitatifs : kilométrage, année de production et nombre de portes. Le kilométrage d'un véhicule s'exprime par un nombre réel positif. La fréquence de chaque donnée étant 1, il est avantageux de regrouper les données dans les classes et de représenter cette distribution par un histogramme. C'est un caractère qui peut être considéré comme le caractère quantitatif continu. L'année de production s'exprime par un nombre entier; c'est donc un caractère quantitatif discret. En général, le diagramme à bandes rectangulaires représente un caractère quantitatif discret. Cependant, il est avantageux ici de représenter cette distribution par un histogramme, car les fréquences sont presque toutes égales à 1. Dans la dernière colonne, nous avons les données d'un caractère quantitatif discret et nous pouvons choisir le diagramme à bandes rectangulaires ou bien le diagramme circulaire pour les représenter graphiquement.

**44. Le 16 avril 1998, *La Presse* publiait les données suivantes :**

| Situation des urgences dans 16 hôpitaux montréalais le 15 avril 1998 | | |
|---|---|---|
| Hôpital | Capacité de l'urgence | Patients alités |
| Maisonneuve-Rosemont | 34 | 43 |
| Sacré-Cœur de Mtl | 35 | 39 |
| Général Juif | 23 | 26 |
| Général de Mtl | 17 | 22 |
| Royal Victoria | 13 | 23 |
| Général du Lakeshore | 28 | 28 |
| CHUM Campus Saint-Luc | 23 | 32 |
| Campus Notre-Dame | 30 | 42 |
| Campus Hôtel-Dieu | 18 | 19 |
| Agrignon | 27 | 34 |
| Fleury | 13 | 16 |
| Institut de cardiologie de Mtl | 12 | 18 |
| Jean-Talon | 21 | 21 |
| Lachine | 6 | 4 |
| Santa Cabrini | 20 | 31 |

| Situation des urgences dans 16 hôpitaux montréalais le 15 avril 1998 | | |
|---|---|---|
| Hôpital | Capacité de l'urgence | Patients alités |
| St. Mary | 12 | 10 |

a) **Construire la série statistique qui représente le nombre de patients dépassant le nombre de places disponibles.**

b) **Construire le tableau des fréquences et le représenter graphiquement.**

c) **Calculer les trois mesures de tendance centrale et choisir celle qui représente le mieux cette distribution.**

**SOLUTION ET RÉPONSE**

a) Nous soustrayons les données dans les deux colonnes et nous obtenons
9, 4, 3, 5, 10, 0, 9, 12, 1, 7, 3, 6, 0, –2, 11, –2.

b) Les données de cette série statistique peuvent être résumées par le tableau suivant :

| répartition de 16 hôpitaux montréalais selon le nombre de patients dépassant le nombre de places disponibles | | |
|---|---|---|
| nombre de patients qui dépassent le nombre de places disponibles | pointage | fréquence |
| –2 | II | 2 |
| 0 | II | 2 |
| 1 | I | 1 |
| 3 | II | 2 |
| 4 | I | 1 |
| 5 | I | 1 |

| répartition de 16 hôpitaux montréalais selon le nombre de patients dépassant le nombre de places disponibles | | |
|---|---|---|
| nombre de patients qui dépassent le nombre de places disponibles | pointage | fréquence |
| 6 | I | 1 |
| 7 | I | 1 |
| 9 | II | 2 |
| 10 | I | 1 |
| 11 | I | 1 |
| 12 | I | 1 |
| Total | | 16 |

 **REMARQUE** Pour nous assurer qu'il n'y a pas d'erreur dans le tableau, nous calculons la somme des fréquences qui doit être égale au nombre de données.

c) Cette série est une série de données d'un caractère quantitatif discret. Nous représentons donc la distribution des fréquences par un diagramme à bandes rectangulaires (voir figure 30).

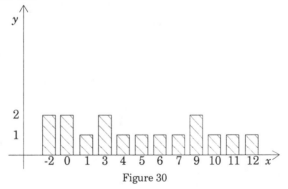

Figure 30

Pour une série de données quantitatives, il est possible de calculer les trois mesures de tendance centrale.

La moyenne est la somme de données divisée par le nombre de données.

$$\bar{x} = \frac{-2 + -2 + 0 + 0 + 1 + 3 + \ldots + 10 + 11 + 12}{16} = \frac{76}{16} = 4{,}75$$

Cette moyenne peut aussi être évaluée par la formule

$$\bar{x} = \frac{\sum\limits_{j=1}^{k} m_j f_j}{n},$$

où $f_j$ est la fréquence de la donnée $\bar{x}_j$. Il est ici utile de compléter le tableau des fréquences de la colonne de produit de fréquence ($f_j \times \bar{x}_j$). Le total de cette colonne divisé par le nombre de données donne la moyenne.

| $x_j$ | $f_j$ | $x_j f_j$ |
|-------|-------|-----------|
| -2 | 2 | -4 |
| 0 | 2 | 0 |
| 1 | 1 | 1 |
| 3 | 2 | 6 |
| 4 | 1 | 4 |
| 5 | 1 | 5 |
| 6 | 1 | 6 |
| 7 | 1 | 7 |
| 9 | 2 | 18 |
| 10 | 1 | 10 |
| 11 | 1 | 11 |
| 12 | 1 | 12 |
| total | 16 | 76 |

Nous obtenons alors

$$\bar{x} = \frac{76}{16} = 4,75 \ .$$

Le nombre de données étant pair, la médiane est la moyenne des deux données mitoyennes, celles dont les rangs sont $\frac{n}{2} = \frac{16}{2} = 8$

et $\frac{n}{2} + 1 = \frac{16}{2} + 1 = 9$ . Le classement ascendant de la première série est

–2, –2, 0, 0, 1, 3, 3, 4, 5, 6, 7, 9, 9, 10, 11, 12.

la médiane est donc

$$Me = \frac{4+5}{2} = 4,5 \ .$$

La troisième mesure de tendance centrale, le mode, est la donnée la plus fréquente. Dans cette série, nous avons quatre modes, soit –2, 0, 3 et 9.

La moyenne est en général la meilleure mesure de tendance centrale. Si dans la série il y a des données extrêmes ou une donnée sensiblement plus fréquente, la médiane, dans le premier cas, et le mode, dans le second cas, sont les meilleures mesures de tendance centrale. La mesure de tendance centrale qui représente le mieux cette série est donc la moyenne.

**45.** **À partir du tableau de l'exercice précédent, construire la série statistique en associant à chaque hôpital l'une des trois modalités suivantes :**

**B : si le nombre de patients alités est inférieur ou égal à la capacité de l'urgence;**

**M : si le nombre de patients alités ne dépasse pas de 5 le nombre de places disponible;**

**T : si le nombre de patients alités dépasse de 5 la capacité de l'urgence.**

a) **Construire le tableau des fréquences et le représenter graphiquement.**

b) **Calculer les trois mesures de tendance centrale et choisir celle qui représente le mieux cette distribution.**

**SOLUTION ET RÉPONSE**

L'étude du degré d'occupation des hôpitaux nous conduit à la série suivante :

T, M, M, M, T, B, T, T, M, T, M, T, B, B, T, B.

a)  Tableau des fréquences :

| répartition de 16 hôpitaux montréalais selon le degré d'occupation de l'urgence | | |
|---|---|---|
| degré d'occupation | pointage | fréquence |
| B | //// | 4 |
| M | //// | 5 |
| T | //// // | 7 |
| total | | 16 |

La distribution de fréquences de cette série de données (un caractère qualitatif avec trois modalités différentes) peut être représentée par un diagramme circulaire (voir figure 31).

Nous divisons le cercle en trois secteurs circulaires dont les mesures sont proportionnelles aux fréquences relatives des modalités qu'ils représentent (voir tableau à la page suivante).

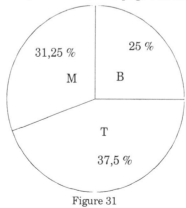

Figure 31

| degré d'occupation | fréquence | fréquence relative | angle au centre du secteur |
|---|---|---|---|
| B | 4 | 4/16=0,25 | $0,25\times360°=90°$ |
| M | 5 | 5/16=0,3125 | $0,3125\times360°=$ $=112,5°$ |
| T | 7 | 7/16=0,4375 | $0,4375\times360°=$ $=157,5°$ |
| total | 16 | 1 | $360°$ |

b) Lorsque les données sont qualitatives, seul le mode peut être évalué. La donnée la plus fréquente est T, alors elle est le mode de cette distribution.

REMARQUE  Une série peut posséder plusieurs modes s'il y a plusieurs valeurs qui se répètent un nombre égal de fois et plus souvent que les autres. Une série peut ne posséder aucun mode si aucune valeur n'apparaît plus souvent que les autres.

**46. La distribution de la masse de tous les nouveau-nés enregistrés dans un hôpital pendant une certaine période est présentée dans le tableau ci-dessous :**

| masse (en grammes) | nombre d'enfants |
|---|---|
| 1 500 | 1 |
| 1 600 | 1 |
| 1 900 | 2 |
| 2 000 | 1 |
| 2 200 | 1 |
| 2 500 | 3 |
| 2 600 | 8 |

| masse (en grammes) | nombre d'enfants |
|:---:|:---:|
| 2 700 | 13 |
| 2 800 | 26 |
| 2 900 | 31 |
| 3 000 | 39 |
| 3 100 | 34 |
| 3 200 | 25 |
| 3 300 | 23 |
| 3 400 | 17 |
| 3 500 | 11 |
| 3 600 | 5 |
| 3 700 | 2 |
| 3 800 | 2 |
| 3 900 | 1 |
| 4 000 | 2 |
| 4 100 | 1 |

a) **Calculer la moyenne et la médiane de cette distribution.**

b) **Regrouper les données en classes, construire le tableau des fréquences et représenter cette distribution à l'aide d'un histogramme.**

c) **Calculer la moyenne et la médiane de la série de données regroupées en classes.**

d) **Calculer l'écart-type de la série de données regroupées en classes.**

**SOLUTION**

a) Ce tableau est un tableau des fréquences. Nous y ajoutons la colonne de produit de fréquence et nous calculons la moyenne à l'aide de la formule

$$\bar{x} = \frac{\sum x_j f_j}{n} \, ,$$

où $f_j$ est la fréquence de la donnée.

| masse $m$ $x_j$ | fréquence (nombre d'enfants) $f_j$ | produit de fréquence $x_j f_j$ |
|---|---|---|
| 1 500 | 1 | 1 500 |
| 1 600 | 1 | 1 600 |
| 1 900 | 2 | 3 800 |
| 2 000 | 1 | 2 000 |
| 2 200 | 1 | 2 200 |
| 2 500 | 3 | 7 500 |
| 2 600 | 8 | 20 800 |
| 2 700 | 13 | 35 100 |
| 2 800 | 26 | 72 800 |
| 2 900 | 31 | 89 900 |
| 3 000 | 39 | 117 000 |
| 3 100 | 34 | 105 400 |
| 3 200 | 25 | 80 000 |
| 3 300 | 23 | 75 900 |
| 3 400 | 17 | 57 800 |
| 3 500 | 11 | 38 500 |
| 3 600 | 5 | 18 000 |
| 3 700 | 2 | 7 400 |
| 3 800 | 2 | 7 600 |
| 3 900 | 1 | 3 900 |
| 4 000 | 2 | 8 000 |
| 4 100 | 1 | 4 100 |

| masse $m$ | fréquence (nombre d'enfants) | produit de fréquence |
|---|---|---|
| $x_j$ | $f_j$ | $x_j f_j$ |
| total | 249 | 760 800 |

Ainsi

$$\mu = \frac{760800}{249} \approx 3055 .$$

 Le symbole $\overline{x}$ désigne la moyenne d'un échantillon. Ici, les données sont celles de la population. Nous utilisons donc le symbole $\mu$ pour désigner la moyenne.

Calcul de la médiane

Nous avons 249 données dans cette série, alors la médiane est la valeur dont le rang est

$$\frac{249+1}{2} = 125 .$$

Nous trouvons facilement cette valeur en examinant la colonne des fréquences cumulées que nous ajoutons au tableau des fréquences.

| masse $m$ | fréquence | fréquences cumulées |
|---|---|---|
| $x_j$ | $f_j$ | $F_j$ |
| 1 500 | 1 | 1 |
| 1 600 | 1 | 2 |
| 1 900 | 2 | 4 |
| 2 000 | 1 | 5 |
| 2 200 | 1 | 6 |
| 2 500 | 3 | 9 |

| masse $m$ $x_j$ | fréquence $f_j$ | fréquences cumulées $F_j$ |
|---|---|---|
| 2 600 | 8 | 17 |
| 2 700 | 13 | 30 |
| 2 800 | 26 | 56 |
| 2 900 | 31 | 87 |
| 3 000 | 39 | 126 > 125 |
| 3 100 | 34 | . |
| 3 200 | 25 | |
| 3 300 | 23 | |
| 3 400 | 17 | |
| 3 500 | 11 | |
| 3 600 | 5 | |
| 3 700 | 2 | |
| 3 800 | 2 | |
| 3 900 | 1 | |
| 4 000 | 2 | |
| 4 100 | 1 | |

La valeur dont le rang est 125 est donc 3 000; alors $Me = 3\,000$.

b) Le nombre de classes peut être choisi arbitrairement ou déterminé à partir d'une règle mathématique. Par la formule de
Sturges, par exemple, le nombre de classes est la valeur de
l'expression $1 + 3{,}322 \log n$, arrondie à une unité près ($n$
représentant le nombre de données). Le nombre d'enfants
dans la population étant $n = 249$ et $1 + 3{,}322 \log 249 \approx 8{,}96$,
nous trouvons $k = 9$.

Pour trouver l'amplitude des classes, nous calculons le quo-
tient de l'étendue de la série $e$ par le nombre de $k$ classes. Ici,
nous avons

$$\frac{e}{k} = \frac{4\,100 - 1\,500}{9} \approx 288,\overline{8}.$$

Puisque l'amplitude des classes ne contient pas plus de décimales que les données de la série, nous éliminons les décimales non utiles, ici les chiffres des dizaines et des unités, et additionnons 1 au dernier chiffre, ici au chiffre des centaines. Ainsi, l'amplitude des classes est $c = 300$. La distribution de fréquence comptant 9 classes d'amplitude égale à 300 sera donc

| n° de la classe $j$ | masse $m$ (en grammes) | fréquence $f_j$ |
|---|---|---|
| 1 | $1\,500 \leq m < 1\,800$ | 2 |
| 2 | $1\,800 \leq m < 2\,100$ | 3 |
| 3 | $2\,100 \leq m < 2\,400$ | 1 |
| 4 | $2\,400 \leq m < 2\,700$ | 11 |
| 5 | $2\,700 \leq m < 3\,000$ | 70 |
| 6 | $3\,000 \leq m < 3\,300$ | 98 |
| 7 | $3\,300 \leq m < 3\,600$ | 51 |
| 8 | $3\,600 \leq m < 3\,900$ | 9 |
| 9 | $3\,900 \leq m < 4\,200$ | 4 |
| total | | 249 |

Chaque valeur du caractère observé doit appartenir à une et une seule classe. Les classes sont donc des intervalles demi-ouverts.

Si dans la série il y a des valeurs extrêmes, il est avantageux de construire la distribution allant de la première à la dernière classe ouvertes.

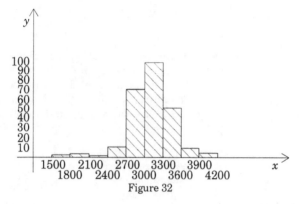

Figure 32

Par définition, l'histogramme est constitué de la juxtaposition de bandes rectangulaires verticales adjacentes dont la largeur est équivalente à l'amplitude des classes (voir figure 32) :

c) Lorsque les données sont groupées en $k$ classes, la moyenne est calculée par la formule

$$\bar{x} = \frac{\displaystyle\sum_{j=1}^{k} m_j f_j}{n} ,$$

où $f_j$ et $m_j$ représentent respectivement la fréquence et le milieu de la $j^e$ classe.

Pour faciliter le calcul, nous ajoutons au tableau des fréquences deux colonnes, soit le milieu de la classe et le produit de fréquence. Il suffit donc de calculer le rapport du total de la dernière colonne par $n$.

| n° de la classe | masse $m$ (en grammes) | fréquence $f_j$ | milieu de la classe $m_j$ | produit de fréquence $m_j f_j$ |
|---|---|---|---|---|
| 1 | $1\,500 \le m < 1\,800$ | 2 | 1 650 | 3 300 |
| 2 | $1\,500 \le m < 1\,800$ | 3 | 1 950 | 5 850 |
| 3 | $1\,500 \le m < 1\,800$ | 1 | 2 250 | 2 250 |
| 4 | $1\,500 \le m < 1\,800$ | 11 | 2 550 | 28 050 |

| n° de la classe | masse $m$ (en grammes) | fréquence $f_j$ | milieu de la classe $m_j$ | produit de fréquence $m_j f_j$ |
|---|---|---|---|---|
| 5 | $1\,500 \leq m < 1\,800$ | 70 | 2 850 | 199 500 |
| 6 | $1\,500 \leq m < 1\,800$ | 98 | 3 150 | 308 700 |
| 7 | $1\,500 \leq m < 1\,800$ | 51 | 3 450 | 175 950 |
| 8 | $1\,500 \leq m < 1\,800$ | 9 | 3 750 | 33 750 |
| 9 | $1\,500 \leq m < 1\,800$ | 4 | 4 050 | 16 200 |
| total | | | | 773 550 |

Ainsi

$$\mu = \frac{773\,550}{249} \approx 3\,107 \,.$$

REMARQUE    Le calcul de la moyenne d'une série de données groupées en classes donne toujours un résultat approxi-
matif qui se différencie de la moyenne arithmétique
de la série.

Calcul de la médiane

Lorsque les données sont groupées en classes, nous pouvons
trouver la valeur approximative de la médiane à l'aide de la
formule

$$Me \cong Lj + \left( \frac{\dfrac{n}{2} - F_{j-1}}{f_j} \right) c \,,$$

où $L_j$ et $f_j$ sont la limite inférieure et la fréquence de la classe
comprenant la médiane et $F_{j-1}$, la fréquence cumulée de la
classe précédente. La médiane appartient à la première classe
dont la fréquence cumulée dépasse la valeur

$$\frac{n}{2} = \frac{249}{2} = 124{,}5.$$

Reprenons le tableau des fréquences de la série de données groupées en classes auquel nous ajoutons la colonne de fréquences cumulées.

| n° de la classe | fréquence $f_j$ | fréquence cumulée $F_j$ |
|:---:|:---:|:---:|
| 1 | 2 | 2 |
| 2 | 3 | 5 |
| 3 | 1 | 6 |
| 4 | 11 | 17 |
| 5 | 70 | 87 |
| 6 | 98 | 185 > 124,5 |
| 7 | 51 | |
| 8 | 9 | |
| 9 | 4 | |

La médiane appartient donc à la sixième classe, c'est-à-dire à l'intervalle [3 000, 3 100[. Nous avons alors

$L_j = 3\,000$, $f_j = 98$, $F_{j\text{-}1} = 87$ et $c = 300$ et par conséquent

$$Me \cong 3\,000 + \frac{124{,}5 - 87}{185} \times 300 \approx 3\,061.$$

d) Nous calculons la variance d'une série de données groupées en $k$ classes par la formule

$$\sigma^2 = \frac{\displaystyle\sum_{j=1}^{k} f_j(m_j - \mu)^2}{n-1},$$

où $m_j$ et $f_j$ sont le milieu et la fréquence de la $j^e$ classe, $n$ est la taille et $\mu$ la moyenne de la série.

Le symbole $\sigma^2$ représente la variance de la population. Nous utilisons le symbole $s^2$ pour désigner la variance d'un échantillon.

Nous pouvons effectuer le calcul dans le tableau suivant :

| n° de la classe $j$ | milieu de la classe $m_j$ | fréquence $f_j$ | $(m_j - \text{m})^2$ | $f_j(m_j - \mu)^2$ |
|---|---|---|---|---|
| 1 | 1 650 | 2 | 2 122 849 | 4 245 698 |
| 2 | 1 950 | 3 | 1 338 649 | 4 015 947 |
| 3 | 2 250 | 1 | 734 449 | 734 449 |
| 4 | 2 550 | 11 | 310 249 | 3 412 739 |
| 5 | 2 850 | 70 | 66 049 | 4 623 430 |
| 6 | 3 150 | 98 | 1 849 | 181 202 |
| 7 | 3 450 | 51 | 117 649 | 6 000 099 |
| 8 | 3 750 | 9 | 413 449 | 3 721 041 |
| 9 | 4 050 | 4 | 889 249 | 3 556 996 |
| total | | | | 20 491 601 |

Nous trouvons la variance en divisant le total de la dernière colonne par $n - 1$,

$$\sigma^2 = \frac{30\,491\,601}{249 - 1}\,122\,950{,}004\ .$$

L'écart-type étant le radical carré de la variance, nous trouvons

$$\sigma = \sqrt{122\,950{,}004} \approx 351\ .$$

REMARQUE Pour calculer la variance d'une série statistique, nous pouvons aussi appliquer la formule

$$s^2 = \frac{n\sum\limits_{i=1}^{n} x_i^{\,2} - \left(\sum\limits_{i=1}^{n} x_i\right)^2}{n(n-1)} \, ,$$

pour une série de données non groupées en classes;

$$s^2 \cong \frac{n\sum\limits_{j=1}^{k} f_j m_j^{\,2} - \left(\sum\limits_{j=1}^{k} f_j m_j\right)^2}{n(n-1)} \, ,$$

pour une série de données regroupées en $k$ classes.

Remarquons qu'en appliquant ces formules nous ne sommes pas obligés de calculer la moyenne de cette série.

**RÉPONSE**

a) $\mu = 3\,055$  $Me = 3\,000$

b) Voir la solution

c) $\mu = 3\,107$  $Me = 3\,061$

d) $\sigma = 351$

**47. Les résultats d'un examen final d'un cours donné à cinq groupes différents sont présentés dans le tableau ci-dessous.**

| groupe | taille du groupe | moyenne du groupe |
|--------|------------------|-------------------|
| A | 25 | 71 |
| B | 28 | 65 |
| C | 30 | 73 |
| D | 27 | 75 |

| groupe | taille du groupe | moyenne du groupe |
|--------|------------------|-------------------|
| E | 24 | 68 |

**Quelle est la moyenne générale obtenue à cet examen?**

**SOLUTION**

La moyenne arithmétique des résultats n'est pas la moyenne générale, car la taille des groupes varie. Nous devons alors calculer ce qu'on appelle la moyenne pondérée en considérant la taille du groupe comme le poids de la moyenne du groupe. La moyenne pondérée est donnée par

$$\bar{x}_p = \frac{\sum\limits_{i=1}^{n} p_i x_i}{\sum\limits_{i=1}^{n} p_i} \, ,$$

où $p_i$ est le poids de la donnée $x_i$ et $n$, le nombre de données.

Ainsi, la moyenne générale obtenue à cet examen est

$$\frac{25 \times 71 + 28 \times 65 + 30 \times 73 + 27 \times 75 + 24 \times 68}{25 + 28 + 30 + 27 + 24} \approx 70,46 \, .$$

**RÉPONSE**

70,46

48. **Lors d'un examen, les élèves d'une classe ont obtenu les résultats suivants :**

   **0, 14, 29, 35, 41, 55, 59, 60, 60, 63, 63, 65, 65, 65, 71, 71, 71, 75, 75, 81, 81, 85, 87, 89, 95.**

   a) **Calculer le quartile $Q_1$.**

   b) **Quel est le rang cinquième d'un élève dont la note est celle de passage (60)?**

   c) **Combien d'écarts-types séparent la note de passage de la moyenne de cette classe?**

**SOLUTION**

a) Les quartiles sont les trois valeurs qui divisent la série en quatre parties contenant chacune (autant que possible) le quart des données. Ce sont donc les quantiles d'ordres

$$\alpha = \frac{1}{4}, \ \alpha = \frac{1}{2} \ \text{et} \ \alpha = \frac{3}{4}.$$

On les note $Q_1$, $Q_2$ et $Q_3$.

Le quartile $Q_1$ étant le quantile d'ordre $\alpha = \frac{1}{4}$, sa position dans la série est déterminée par

$p = \alpha \times n = 25 = 6{,}25$.

Dans le cas où $p$ n'est pas un nombre entier, nous prenons $q_\alpha = x_{[p]+1}$, c'est-à-dire la valeur dont le rang est la partie entier de $p$ augmentée de 1.

Dans cette série de notes, le quartile $Q_1$ est la note dont le rang est 7, soit 59. Nous pouvons dire qu'environ 25 % des notes sont inférieures ou égales à 59.

b) Soit $n_1$ le nombre de données supérieures à $x_i$ et $n_2$ le nombre de données égales à $x_i$. Nous cherchons le rang cinquième de la donnée $x_i$ à l'aide de la formule

$$0{,}5 + \frac{n_1 + \frac{1}{2}n_2}{n} \times 5.$$

Le résultat doit être arrondi à l'unité près pour obtenir un nombre entier de 1 à 5.

Nous avons
$n_1 = 16$, $n_2 = 2$, $n = 25$ et $0{,}5 + \dfrac{16 + \frac{1}{2} \times 2}{25} \times 5 = 3{,}9$,

La note 60 se situe donc dans le quatrième rang cinquième du classement descendant de cette série.

c) Cherchons d'abord la moyenne et l'écart-type de cette série.

| note $x_j$ | fréquence $f_j$ | produit de fréquence $f_j x_j$ | $(x_j - \bar{x})^2$ | $f_j(x_j - \bar{x})^2$ |
|---|---|---|---|---|
| 0 | 1 | 0 | 3 868,84 | 3 868,84 |
| 14 | 1 | 14 | 2 323,24 | 2 323,24 |

| note $x_j$ | fréquence $f_j$ | produit de fréquence $f_j x_j$ | $(x_j - \bar{x})^2$ | $f_j(x_j - \bar{x})^2$ |
|---|---|---|---|---|
| 29 | 1 | 29 | 1 102,24 | 1 102,24 |
| 35 | 1 | 35 | 739,84 | 739,84 |
| 41 | 1 | 41 | 449,44 | 449,44 |
| 55 | 1 | 55 | 51,84 | 51,84 |
| 59 | 1 | 59 | 10,24 | 10,24 |
| 60 | 2 | 120 | 4,84 | 9,68 |
| 63 | 2 | 126 | 0,64 | 1,28 |
| 65 | 3 | 195 | 7,84 | 23,52 |
| 71 | 3 | 213 | 77,44 | 232,32 |
| 75 | 2 | 150 | 163,84 | 327,68 |
| 81 | 2 | 162 | 353,44 | 706,88 |
| 85 | 1 | 85 | 519,84 | 519,84 |
| 87 | 1 | 87 | 615,04 | 615,04 |
| 89 | 1 | 89 | 718,24 | 718,24 |
| 95 | 1 | 95 | 1 075,84 | 1 075,84 |
| total | 25 | 1 555 | | 1 276 |

À l'aide du tableau ci-dessus, nous obtenons

$$\mu = \frac{1\,555}{25} = 62,2 \text{ et } \sigma = \sqrt{\frac{12\,776}{25-1}} \approx 23,1$$

et la cote $Z$ de la note de passage est

$$\text{Cote } Z = \frac{60 - 62,2}{23,1} \approx -0,1.$$

Un dixième de l'écart-type sépare donc cette note de la moyenne.

REMARQUE    La cote $Z$ négative signifie que la note est inférieure
à la moyenne.

**RÉPONSE**

a)   $Q_1 = 59$

b)   Quatrième rang cinquième

c)   Un dizième de l'écart-type

# RÉGRESSION ET CORRÉLATION

- Le **nuage statistique** est la représentation gra- phique dans le plan cartésien de l'ensemble de paires de données $(x_i, y_i)$ qui proviennent d'une série statistique de deux caractères quantitatifs.

- L'ajustement d'une droite $\hat{y} = a + bx$ au nuage statistique est dit **régression linéaire**. Selon la méthode des moindres carrés, les formules pour trouver les coefficients de cette droite sont

$$b = \frac{\displaystyle\sum_{i=1}^{n} x_i y_i - n\bar{x}\,\bar{y}}{\displaystyle\sum_{i=1}^{n} x_i^2 - n(\bar{x})^2} \quad \text{et} \quad a = \bar{y} - b\bar{x}.$$

- Le **coefficient de corrélation** est donné par

$$r = \frac{n\left(\displaystyle\sum_{i=1}^{n} x_i y_i\right) - \left(\displaystyle\sum_{i=1}^{n} x_i\right)\left(\displaystyle\sum_{i=1}^{n} y_i\right)}{\sqrt{n\left(\displaystyle\sum_{i=1}^{n} x^2\right) - \left(\displaystyle\sum_{i=1}^{n} x_i\right)^2}\sqrt{n\left(\displaystyle\sum_{i=1}^{n} y_i^2\right) - \left(\displaystyle\sum_{i=1}^{n} y_i\right)^2}}.$$

## *Exercices*

**49.** Le tableau ci-dessous contient la population de 17 pays européens et celle du Canada, ainsi que la pollution atmosphérique en gaz $CO_2$ émis par ces pays au cours de l'année 1991.

| pays | population en millions ($x_i$) | pollution en millions de tonnes ($y_i$) |
|---|---|---|
| Autriche | 7,8 | 63 |
| Belgique | 9,8 | 130 |
| Danemark | 5,1 | 65 |
| Finlande | 5,0 | 57 |
| France | 57,1 | 406 |
| Espagne | 39,0 | 236 |
| Hollande | 15,1 | 193 |
| Allemagne | 80,0 | 957 |
| Norvège | 4,3 | 32 |
| Pologne | 38,2 | 388 |
| Portugal | 10,1 | 44 |
| Suisse | 6,8 | 45 |
| Suède | 8,6 | 56 |
| Turquie | 57,4 | 142 |
| Hongrie | 10,3 | 69 |
| Grande-Bretagne | 57,4 | 608 |
| Italie | 57,8 | 419 |
| Canada | 27,0 | 435 |

a) **Calculer le coefficient de corrélation.**

b) **Faire le nuage statistique et trouver la droite de régression.**

**SOLUTION**

a) Construisons un tableau pour simplifier le calcul des sommes que nous avons dans la formule

$$r = \frac{n\left(\sum_{i=1}^{n} x_i y_i\right) - \left(\sum_{i=1}^{n} x_i\right)\left(\sum_{i=1}^{n} y_i\right)}{\sqrt{n\left(\sum_{i=1}^{n} x_i^2\right) - \left(\sum_{i=1}^{n} x_i\right)^2}\sqrt{n\left(\sum_{i=1}^{n} y_i^2\right) - \left(\sum_{i=1}^{n} y_i\right)^2}} \;.$$

| $x_i$ | $y_i$ | $x_i\, y_i$ | $x_i^2$ | $y_i^2$ |
|---|---|---|---|---|
| 7,8 | 63 | 491,4 | 60,84 | 3 969 |
| 9,8 | 130 | 1 274 | 96,04 | 16 900 |
| 5,1 | 65 | 331,5 | 26,01 | 4 225 |
| 5,0 | 57 | 285 | 25 | 3 249 |
| 57,1 | 406 | 23 182,6 | 3 260,41 | 164 836 |
| 39,0 | 236 | 9 204 | 1 521 | 55 696 |
| 15,1 | 193 | 2 914,3 | 228,01 | 37 249 |
| 80,0 | 957 | 76,560 | 6 400 | 915 849 |
| 4,3 | 32 | 137,6 | 18,49 | 1 024 |
| 38,2 | 388 | 14 821,6 | 1 459,24 | 150 544 |
| 10,6 | 44 | 466,4 | 112,36 | 1 936 |
| 6,8 | 45 | 306 | 46,24 | 2 025 |
| 8,6 | 56 | 481,6 | 73,96 | 3 136 |
| 57,4 | 142 | 8 150,8 | 329,76 | 20 164 |
| 10,3 | 69 | 710,7 | 106,09 | 4 761 |
| 57,4 | 608 | 34 899,2 | 3 294,76 | 369 664 |
| 57,8 | 419 | 24 218,2 | 3 340,84 | 175 561 |
| 27,0 | 435 | 11 740 | 729 | 189 225 |
| 497,3 | 4 345 | 210 179,9 | 23 364,05 | 2 120 013 |

La valeur du coefficient de corrélation est

$$r = \frac{18 \times 210\,179,9 - 497,3 \times 4\,345}{\sqrt{18 \times 24\,093,05 - 497,3^2}\,\sqrt{18 \times 2\,120\,013 - 4345^2}} \approx 0,859\,5.$$

b) Chaque paire de données $(x_i, y_i)$ détermine un point dans le plan cartésien. Nous représentons toutes les données pour obtenir le nuage statistique (voir figure 33) :

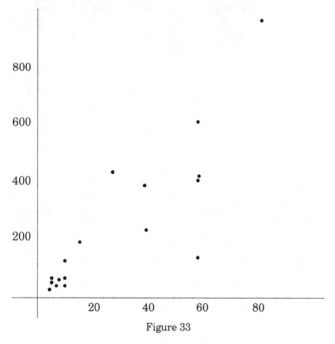

Figure 33

Pour trouver l'équation de la droite de régression, nous calculons d'abord les moyennes $\bar{x}$ et $\bar{y}$.

$$\bar{x} = \frac{\sum_{i=1}^{18} x_i}{18} = \frac{497,3}{18} \approx 27,63$$

$$\bar{y} = \frac{\sum_{i=1}^{18} y_i}{18} = \frac{4\,345}{18} \approx 241,39$$

Ensuite, nous trouvons

$$b = \frac{\displaystyle\sum_{i=1}^{18} x_i y_i - n\bar{x}\bar{y}}{\displaystyle\sum_{i=1}^{18} x_i^2 - n\bar{x}^2} = \frac{210\,179,9 - 18 \times 27,63 \times 241,39}{24\,093,05 - 18 \times (27,63)^2} \approx 8,71$$

et $a = \bar{y} - b\bar{x} = 241,9 - 8,71 \times 27,63 \approx 1,24$.

L'équation de la droite de régression est donc
$\hat{y} = 1,24 + 8,71x$.

## RÉPONSE

a)   r = 0,8590

b)   $\hat{y} = 1,24 + 8,71x$

**CHAPITRE**

**VI**

# Estimation

1- **Estimation ponctuelle**

2- **Estimation par intervalle de confiance**

# ESTIMATION PONCTUELLE

- **Terminologie**

  On appelle

  - **paramètre** d'une distribution toute mesure calculée à partir de l'ensemble des données d'une population;

  - **estimation** d'un paramètre le procédé par lequel on cherche à déterminer la valeur de ce paramètre;

  - **estimateur** la variable aléatoire utilisée pour l'estimation;

  - **valeur estimée** la valeur que prend l'estimateur une fois l'échantillon tiré.

- **Théorèmes**

  1. La moyenne d'échantillon $\overline{X}$ est un estimateur dont l'espérance est égale à la moyenne de la population, c'est-à-dire

     $$E\left(\overline{X}\right) = \mu.$$

  2. L'écart-type de la variable $\overline{X}$ dans le cas d'une population finie est

     - $\dfrac{\sigma}{\sqrt{n}}$ , si l'échantillon est tiré avec remise;

     - $\dfrac{\sigma}{\sqrt{n}}\sqrt{\dfrac{N-n}{N-1}}$ , si l'échantillon est tiré sans remise,

     $N$ et $n$ étant respectivement la taille de la population et celle de l'échantillon.

  3. L'écart-type de la variable $\overline{X}$ dans le cas d'une population infinie ou bien très grande est égal à

$\dfrac{\sigma}{\sqrt{n}}$ , quel que soit le tirage (avec ou sans remise).

4. La proportion $\overline{P}$ d'individus présentant un caractère particulier dans un échantillon est un estimateur dont l'espérance est la proportion de ces individus dans la population, c'est-à-dire

$$E\left(\overline{P}\right) = \pi .$$

# *Exercices*

**50.** **À partir des résultats de l'examen de l'exercice 48 (voir chapitre V), construire en prélevant au hasard et**

a) **avec remise,**

b) **sans remise,**

**un échantillon simple de taille 10 en partant de la première ligne et de la première colonne de la table de nombres aléatoires en annexe.**

**Pour chacun des échantillons, calculer la valeur estimée que prennent la variable aléatoire et la variable aléatoire $\overline{P}$ représentant la proportion des élèves qui ont réussi cet examen.**

**SOLUTION ET RÉPONSE**

a) De la population de taille 25 (nombre d'élèves) nous voulons prélever au hasard et avec remise un échantillon de 10 individus. Chaque individu de la population porte un numéro de 00 à 24. À partir de la table de nombres aléatoires, nous formons des nombres de deux chiffres. Nous utilisons les nombres

<u>03</u> 47 43 73 86    36 96 47 36 61    46 98 63 71 62
33 26 <u>16</u> 80 45    60 <u>11</u> <u>14</u> <u>10</u> 95    97 74 <u>24</u> 67 62
42 81 <u>14</u> 57 <u>20</u>    42 53 32 37 32    27 <u>07</u> 36 <u>07</u> 51    ...

En lisant la table ligne par ligne, nous retenons les nombres compris entre 00 et 24 (les nombres supérieurs à 24 n'étant pas retenus). Les élèves choisis portent donc les numéros

03 16 11 14 10 24 14 20 07 07.

Dans le tirage avec remise, le numéro est retenu aussi souvent qu'il apparaît.

Dans la population constituée des résultats de l'examen de tous les élèves, soit

0, 14, <u>29</u>, 35, 41, 55, <u>59</u>, 60, 60, <u>63</u>, <u>63</u>, 65, 65, <u>65</u>, 71, <u>71</u>, 71, 75, 75, <u>81</u>, 81, 85, 87, <u>89</u>, 95,

nous prélevons alors les résultats suivants :

29, 71, 63, 65, 63, 89, 65, 81, 59, 59.

REMARQUE

Il existe une façon plus économique de recourir à la table de nombres aléatoires qui permet d'utiliser aussi les nombres supérieurs à la taille de la population. Nous préconiserons cette façon plus loin pour le tirage sans remise.

La valeur de la variable $\overline{X}$ de cet échantillon est

$$\bar{x} = \frac{29 + 71 + 63 + 65 + 63 + 89 + 65 + 81 + 59 + 59}{10} = 64,4 .$$

Dans cet échantillon, nous avons sept notes supérieures ou égales à la note de passage. La valeur de la variable $\overline{P}$, c'est-à-dire la proportion d'élèves ayant réussi cet examen, est donc

$$\pi = \frac{7}{10} = 0,7 .$$

b) L'utilisation de la table sera plus économique si nous associons à chaque individu de la population des nombres en progression arithmétique, c'est-à-dire des nombres dans la table qui seront toujours divisés par la taille de la population (ici 25) et nous retiendrons le reste. En partant du même point de la table que dans l'exemple précédent, nous utilisons les nombres (le reste étant inscrit entre crochets) :

03[<u>03</u>] 47[<u>22</u>] 43[<u>18</u>] 73[<u>23</u>] 86[<u>11</u>]
36[11] 96[<u>21</u>] 47[22] 36[11] 61[11]

46[21] 98[23] 63[13] 71[21] 62[12]
33[08] 26[01] 16 ...

Cette fois-ci, nous construisons un échantillon simple de taille 10 en prélevant sans remise. Les numéros qui se répètent sont donc retenus une seule fois. Alors les élèves choisis portent les numéros
03, 22, 18, 23, 11, 21, 13, 12, 08, 01.

De la population des résultats
0, 14, 29, 35, 41, 55, 59, 60, 60, 63, 63, 65, 65, 65, 71, 71, 71, 75, 75, 81, 81, 85, 87, 89, 95,
nous prélevons les notes suivantes :
29, 85, 75, 87, 63, 81, 65, 65, 60, 0.

Dans cet échantillon la valeur de la variable $\overline{X}$ est

$$\overline{x} = \frac{29 + 85 + 75 + 87 + 63 + 81 + 65 + 65 + 60 + 0}{10} = 61.$$

Dans cet échantillon, nous avons huit notes supérieures ou égales à la note de passage. La valeur de la variable $\overline{P}$ est donc

$$\pi = \frac{8}{10} = 0{,}8.$$

**51.** **Soit la population {1, 2, 3, 6}. Considérons tous les échantillons de taille 3 pris sans remise.**

a) **Calculer la moyenne et l'écart-type de la population.**

b) **Calculer la valeur de la variable $\overline{X}$ pour chaque échantillon de taille 3 pris sans remise.**

c) **Calculer l'espérance et l'écart-type de la variable $\overline{X}$.**

**SOLUTION**

a) La moyenne de la population est

$$\mu = \frac{1 + 2 + 3 + 6}{4} = \frac{12}{4} = 3.$$

Nous calculons l'écart-type de la population à l'aide de la formule

$$\sigma = \sqrt{\dfrac{\displaystyle\sum_{i=1}^{N}(x_i - \mu)^2}{N}} \; .$$

Or,

$$\sigma = \sqrt{\dfrac{(1-3)^2 + (2-3)^2 + (3-3)^2 + (6-3)^2}{4}} \approx 1{,}8708 .$$

b) À l'aide du diagramme en arbre ci-après, nous construisons tous les échantillons de taille 3 pris sans remise. Dans la dernière colonne, nous notons la valeur de la variable $\overline{X}$ pour l'échantillon approprié.

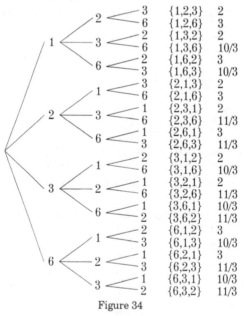

Figure 34

La variable aléatoire $\overline{X}$ peut prendre chacune des valeurs 2, 3, 10/3 et 11/3, avec la probabilité 6/24 = 0,25. La distribution de probabilité de la variable $\overline{X}$ est donc

| $\bar{x}$ | 2 | 3 | 10/3 | 11/3 |
|---|---|---|---|---|
| $f(\bar{x}) = P(\overline{X} = \bar{x})$ | $\dfrac{6}{24} = 0{,}25$ | $\dfrac{6}{24} = 0{,}25$ | $\dfrac{6}{24} = 0{,}25$ | $\dfrac{6}{24} = 0{,}25$ |

**REMARQUE** Notons que l'ordre d'apparition des données dans l'échantillon n'est pas important. Chaque échantillon est donc une combinaison de trois éléments choisis parmi quatre éléments distincts. Nous avons alors

$$C_4^3 = \binom{4}{3} = 4 \quad \text{échantillons différents de taille 3. En}$$

éliminant chaque fois une donnée de la population, nous obtenons tous les échantillons possibles, soit {2, 3, 6}, {1, 3, 6}, {1, 2, 6} et {1, 2, 3}.

La distribution de probabilités de la variable $\overline{X}$ est donc

| $\bar{x}$ | 2 | 3 | 10/3 | 11/3 |
|---|---|---|---|---|
| $f(\bar{x}) = P(\overline{X} = \bar{x})$ | $\dfrac{1}{4} = 0{,}25$ | $\dfrac{1}{4} = 0{,}25$ | $\dfrac{1}{4} = 0{,}25$ | $\dfrac{1}{4} = 0{,}25$ |

c) Par définition

$$E(\overline{X}) = 2 \times 0{,}25 + 3 \times 0{,}25 + \frac{10}{3} \times 0{,}25 + \frac{11}{3} \times 0{,}25 = 3.$$

L'espérance de la moyenne d'échantillon est égale à la moyenne de population (voir théorème 1). Nous disons que la moyenne d'échantillon est un estimateur sans biais de la moyenne de population. La variance d'une variable aléatoire est donnée par la formule

$$\sigma^2 = \sum_{i=1}^{N} (x_i - \mu)^2 f(x_i).$$

Nous trouvons alors

$$\sigma_{\overline{X}}^2 = (2-3)^2 \times 0{,}25 + (3-3)^2 \times 0{,}25$$

$$+ \left(\frac{10}{3} - 3\right)^2 \times 0{,}25 + \left(\frac{11}{3} - 3\right)^2 \times 0{,}25 = 0{,}38\overline{8},$$

d'où l'écart-type de la variable $\overline{X}$ est

$$\sigma_{\overline{X}} = \sqrt{0{,}38\overline{8}} \approx 0{,}6236.$$

Nous obtenons le même résultat en utilisant la formule du théorème 2, soit

$$\frac{\sigma}{\sqrt{n}} \sqrt{\frac{N-n}{N-1}} = \frac{1{,}8708}{\sqrt{3}} \sqrt{\frac{4-3}{4-1}} \approx 0{,}6236$$

qui est vrai pour un échantillon de taille $n$ tiré sans remise de la population finie dont la taille est $N$.

**RÉPONSE**

a)  $\mu = 3, \quad \sigma = 1{,}8708$

b)

| $\overline{x}$ | 2 | 3 | 10/3 | 11/3 |
|:---:|:---:|:---:|:---:|:---:|
| $f(\overline{x}) = P(\overline{X} = \overline{x})$ | $\dfrac{1}{4} = 0{,}25$ | $\dfrac{1}{4} = 0{,}25$ | $\dfrac{1}{4} = 0{,}25$ | $\dfrac{1}{4} = 0{,}25$ |

c)  $E(\overline{X}) = 3, \quad \sigma_{\overline{X}} = \sqrt{0{,}38\overline{8}} \approx 0{,}6236$

# ESTIMATION PAR INTERVALLE DE CONFIANCE

- **Terminologie**

  - On appelle **intervalle de confiance** d'un paramètre un intervalle [$L_1$ , $L_2$] ayant une probabilité donnée, dite **niveau de confiance**, de contenir la valeur vraie de ce paramètre.

  - On appelle **risque d'erreur**, noté $\alpha$, la probabilité qu'a l'intervalle de confiance de ne pas contenir la valeur vraie du paramètre.

- **Intervalle de confiance de la moyenne**

  $1^{er}$ cas : Grand échantillon ($n \geq 30$), peu importe la distribution de la population.

| σ connu | σ inconnu |
|---|---|
| $\mu \in \left[ \bar{x} - z_{\alpha/2}\sigma_{\bar{X}}, \bar{x} + z_{\alpha/2}\sigma_{\bar{X}} \right]$ , où $\sigma_{\bar{X}}$ est l'écart-type de la variable $\bar{X}$ | $\mu \in \left[ \bar{x} - z_{\alpha/2}s_{\bar{X}}, \bar{x} + z_{\alpha/2}s_{\bar{X}} \right]$ , où $s_{\bar{X}}$ est la valeur estimée de paramètre $\sigma_{\bar{X}}$ dans l'échantillon |
| $z_{\alpha/2}$ est la valeur de la variable normale N(0, 1) telle que $$P\left( Z \leq z_{\alpha/2} \right) = 1 - \frac{\alpha}{2}$$ | |

$2^e$ cas : Petit échantillon ($n < 30$), la population est distribuée normalement.

| σ connu | σ inconnu |
|---|---|
| $\mu \in \left[ \bar{x} - z_{\alpha/2}\sigma_{\overline{X}}, \bar{x} + z_{\alpha/2}\sigma_{\overline{X}} \right]$ | $\mu \in \left[ \bar{x} - t_{\alpha/2}s_{\overline{X}}, x + t_{\alpha/2}s_{\overline{X}} \right]$ où $t_{\alpha/2}$ est la valeur de la distribution de Student, telle que $P\left( T \le t_{\alpha/2} \right) = 1 - \dfrac{\alpha}{2}$, avec un nombre de degrés de liberté $\nu = n - 1$. |

$3^e$ cas : Petit échantillon, la population n'est pas distribuée normalement.

| σ connu | σ inconnu |
|---|---|
| $\mu \in \left[ \bar{x} - \dfrac{1}{\sqrt{\alpha}}\sigma_{\overline{X}}, \bar{x} + \dfrac{1}{\sqrt{\alpha}}\sigma_{\overline{X}} \right]$ | $\mu \in \left[ \bar{x} - \dfrac{1}{\sqrt{\alpha}}s_{\overline{X}}, \bar{x} + \dfrac{1}{\sqrt{\alpha}}s_{\overline{X}} \right]$ |

# *Exercices*

52. Dans le but d'estimer le temps moyen que les gens consacrent à la lecture des journaux, on a choisi au hasard 20 personnes. À partir de cet échantillon, on a obtenu un temps moyen de lecture de 46 minutes et un écart-type de 5 minutes. Construire l'intervalle de confiance à 90 % pour le temps moyen consacré à la lecture des journaux si :

   a) l'on peut supposer la distribution normale du temps consacré à la lecture des journaux dans la population;

   b) l'on ne peut pas supposer la distribution normale.

**SOLUTION**

Le niveau de confiance étant 90 %, nous avons $\alpha = 1 - 0,9 = 0,1$.

a) L'échantillon est petit ($n < 30$). On suppose la normalité de la distribution du temps dans la population générale avec l'écart-type $\sigma$ inconnu. L'intervalle de confiance de $\mu$ est donc

$$\left[ \bar{x} - t_{\alpha/2} s_{\bar{X}}, \bar{x} + t_{\alpha/2} s_{\bar{X}} \right],$$

où $t_{\alpha/2}$ est la valeur de distribution de Student, avec un nombre de degrés de liberté $\nu = n - 1$ et où $s_{\bar{X}}$ est la valeur estimée du paramètre $\sigma_{\bar{X}}$ de l'échantillon.

Pour $\nu = 20 - 1$ et $A = 1 - 0,05 = 0,95$, nous trouvons dans la table de distribution de Student $t_{0,05} = 1,729$.

L'échantillon est tiré d'une population très grande. Nous calculons donc $s_{\bar{X}}$ à l'aide de la formule

$$s_{\bar{X}} = \frac{s}{\sqrt{n}} = \frac{5}{\sqrt{20}} \approx 1,118.$$

Ainsi

$$\mu \in \left[ 46 - 1,728 \times 1,118, 46 + 1,729 \times 1,118 \right] = \left[ 44,48 \right].$$

b) Si l'on ne peut pas supposer la normalité de la distribution du temps dans la population, l'intervalle de confiance de la moyenne est

$$\left[ \bar{x} - \frac{1}{\sqrt{\alpha}} s_{\bar{X}}, \bar{x} + \frac{1}{\sqrt{\alpha}} s_{\bar{X}} \right].$$

Ainsi

$$\mu \in \left[ 46 - \frac{1}{\sqrt{0,1}} \times 1,118, 46 + \frac{1}{\sqrt{0,1}} \times 1,118 \right] = \left[ 42,50 \right].$$

**RÉPONSE**

a) [44,48]

b) [42,50]

**53. Parmi 150 élèves du collégial qui ont terminé le cours de statistique, on en a choisi au hasard 35, et on a**

**obtenu une note moyenne de 68 et un écart-type de 14. Trouver l'intervalle de confiance de la note moyenne avec un risque d'erreur de 1 %.**

### SOLUTION

Nous avons ici un grand échantillon ($n > 30$) et $\sigma$ inconnu. Alors peu importe la distribution de la population, l'intervalle de confiance de la moyenne est

$$\mu \in \left[ \bar{x} - z_{\alpha/2}\sigma_{\overline{X}}, \bar{x} + z_{\alpha/2}\sigma_{\overline{X}} \right],$$

où $s_{\overline{X}}$ est la valeur estimée de paramètre $\sigma_{\overline{X}}$ dans l'échantillon et où $z_{\alpha/2}$ est la valeur de distribution normale N(0,1) telle que

$$P\left( Z \le z_{\alpha/2} \right) = 1 - \frac{\alpha}{2}.$$

Puisque l'échantillon est tiré sans remise dans la population finie, nous calculons $s_{\overline{X}}$ à l'aide de la formule

$$s_{\overline{X}} = \frac{s}{\sqrt{n}}\sqrt{\frac{N-n}{N-1}}.$$

Nous obtenons

$$s_{\overline{X}} = \frac{14}{\sqrt{35}}\sqrt{\frac{150-35}{150-1}} \approx 2{,}08.$$

Pour le risque d'erreur de 1 %, c'est-à-dire pour $\alpha = 0{,}01$, nous trouvons dans la table de distribution normale que $z_{0,005} = 2{,}58$ (comparer avec l'exercice 40 du chapitre IV).

 Dans la table en annexe, nous avons les valeurs de la fonction $\Phi_0$. Alors pour trouver le seuil de probabilité $z_{0,005}$, il faut chercher la valeur $(1 - 0{,}005) - 0{,}5 = 0{,}495$.

L'intervalle de confiance de la moyenne de la population de 150 élèves avec un risque d'erreur de 1 % est donc

$$[68 - 2{,}58 \times 2{,}08 \; ; \; 68 + 2{,}58 \times 2{,}08] = [62{,}6 \; ; \; 73{,}4].$$

### RÉPONSE

[62,6 ; 73,4]

# Tests d'hypothèses

1- Test d'hypothèse sur une moyenne

2- Test d'hypothèse sur la différence de deux moyennes

3- Test de conformité

# TEST D'HYPOTHÈSE SUR UNE MOYENNE

- **Terminologie**

  Nous appelons **hypothèse statistique** chaque déclaration concernant la distribution d'un caractère de la population générale si cette déclaration ne peut pas être entièrement vérifiée.

  La procédure permettant l'acceptation ou le rejet de l'hypothèse proposée est appelée **test d'hypothèse**. Dans le cas du rejet de l'hypothèse proposée, appelée **hypothèse nulle $H_0$**, on accepte une hypothèse contradictoire appelée **hypothèse alternative $H_1$**.

  On appelle **risque d'erreur** ou **niveau de signification** la probabilité, fixée à l'avance, de rejeter l'hypothèse nulle $H_0$ lorsque celle-ci est vraie.

- **Étapes d'un test d'hypothèse**

  1. Formulation de l'hypothèse nulle $H_0$ et de l'hypothèse alternative $H_1$.

  2. Choix de la statistique appropriée.

  3. Détermination du risque d'erreur $\alpha$ et des valeurs critiques.

  4. Calcul de la valeur prise par la statistique du test.

  5. Prise de décision.

- **Test d'hypothèse sur la moyenne**

  1. Cas d'une population normale $N(\mu, \sigma)$

     a) Lorsque $\sigma$ est connu, nous utilisons la statistique $Z = \dfrac{\overline{X} - \mu_0}{\sigma_{\overline{X}}}$ qui suit la loi normale $N(0, 1)$,

| hypothèse nulle $H_0$ | hypothèse alternative $H_1$ | rejet de l'hypothèse H0 si |
|---|---|---|
| $H_0: \mu = \mu_0$ | $H_1: \mu < \mu_0$ | $z = \dfrac{\bar{x} - \mu_0}{\sigma_{\bar{X}}} < -z_\alpha$ |
| | $H_1: \mu > \mu_0$ | $z = \dfrac{\bar{x} - \mu_0}{\sigma_{\bar{X}}} > z_\alpha$ |
| | $H_1: \mu \neq \mu_0$ | $z = \dfrac{\bar{x} - \mu_0}{\sigma_{\bar{X}}} < -z_{\frac{\alpha}{2}}$ ou $z = \dfrac{\bar{x} - \mu_0}{\sigma_{\bar{X}}} > z_{\frac{\alpha}{2}}$ |

où $z_\alpha$ et $z_{\frac{\alpha}{2}}$ sont les valeurs critiques de la variable normale déterminées par les égalités $P(Z \geq z_\alpha) = \alpha$ et $P\left(|Z| \geq z_{\frac{\alpha}{2}}\right) = \alpha$ respectivement.

a) Test unilatéral à gauche

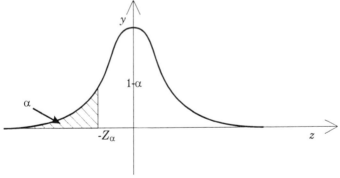

Figure 35

b) Test unilatéral à droite

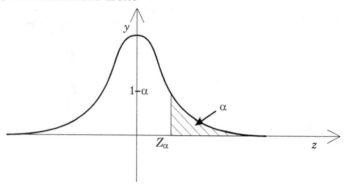

c) Test bilatéral

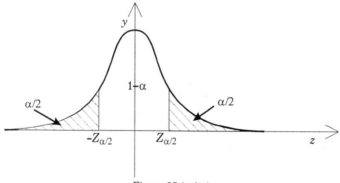

Figure 35 (suite)

b)  Lorsque $\sigma$ n'est pas connu et que l'échantillon est grand $(n \geq 30)$, nous utilisons la statistique $Z = \dfrac{\overline{X} - \mu_0}{s_{\overline{X}}}$ qui suit la loi normale $N(0, 1)$.

| hypothèse nulle $H_0$ | hypothèse alternative $H_1$ | rejet de l'hypothèse $H_0$ si |
|---|---|---|
| $H_0: \mu = \mu_0$ | H1: $\mu < \mu_0$ | $z = \dfrac{\bar{x} - \mu_0}{s_{\bar{X}}} < -z_\alpha$ |
| | $H_1: \mu > \mu_0$ | $z = \dfrac{\bar{x} - \mu_0}{s_{\bar{X}}} > z_\alpha$ |
| | $H_1: \mu \neq \mu_0$ | $z = \dfrac{\bar{x} - \mu_0}{s_{\bar{X}}} < -z_{\frac{\alpha}{2}}$ ou $z = \dfrac{\bar{x} - \mu_0}{s_{\bar{X}}} > z_{\frac{\alpha}{2}}$ |

c)  Lorsque $\sigma$ n'est pas connu et que l'échantillon est petit ($n < 30$), nous utilisons la statistique $\bar{T} = \dfrac{\bar{X} - \mu_0}{s_{\bar{X}}}$ qui suit la loi de Student avec $n - 1$ degré de liberté.

| hypothèse nulle $H_0$ | hypothèse alternative $H_1$ | rejet de l'hypothèse $H_0$ si |
|---|---|---|
| $H_0: \mu = \mu_0$ | H1: $\mu < \mu_0$ | $t = \dfrac{\bar{x} - \mu_0}{s_{\bar{X}}} < -t_\alpha$ |
| | $H_1: \mu > \mu_0$ | $t = \dfrac{\bar{x} - \mu_0}{s_{\bar{X}}} > t_\alpha$ |
| | $H_1: \mu \neq \mu_0$ | $t = \dfrac{\bar{x} - \mu_0}{s_{\bar{X}}} < -t_{\frac{\alpha}{2}}$ ou $t = \dfrac{\bar{x} - \mu_0}{s_{\bar{X}}} > t_{\frac{\alpha}{2}}$ |

où les valeurs critiques $t_\alpha$ et $t_{\frac{\alpha}{2}}$ sont déterminées par les égalités $P(T \geq t_a) = \alpha$ et $P\left(|T| \geq t_{\frac{\alpha}{2}}\right)$ respectivement.

a) Test unilatéral à gauche

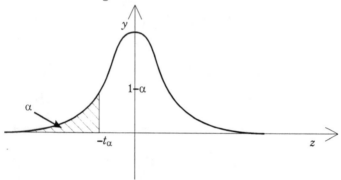

b) Test unilatéral à droite

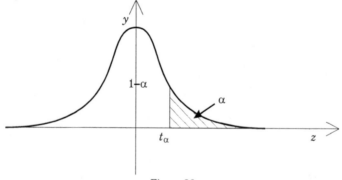

Figure 36

c) Test bilatéral

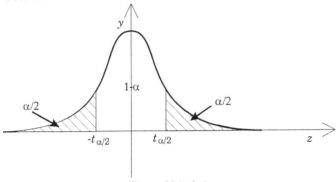

Figure 36 (suite)

2. Cas d'une distribution autre que normale

a) Lorsque l'échantillon est grand (n ≥ 30), nous utilisons la même statistique que dans le cas d'une population normale.

b) Lorsque l'échantillon est petit ($n < 30$) et que σ est connu, la statistique du test est

$\dfrac{\overline{X} - \mu_0}{\sigma_{\overline{X}}}$ , et les valeurs critiques sont déterminées par l'inégalité de Bienaymé-Tchebychev :

$$P\left(\left|\frac{\overline{X} - \mu}{\sigma_{\overline{X}}}\right| \le k\right) \ge 1 - \frac{1}{k^2} \,,$$

où on pose $2\alpha = \dfrac{1}{k^2}$ , si le test est unilatéral

ou bien $\alpha = \dfrac{1}{k^2}$ , si le test est bilatéral.

| hypothèse nulle $H_0$ | hypothèse alternative $H_1$ | rejet de l'hypothèse $H_0$ si |
|---|---|---|
| $H_0: \mu = \mu_0$ | H1: $\mu < \mu_0$ | $k = \dfrac{\bar{x} - \mu_0}{\sigma_{\overline{X}}} < -\dfrac{1}{\sqrt{2\alpha}}$ |
| | $H_1: \mu > \mu_0$ | $k = \dfrac{\bar{x} - \mu_0}{\sigma_{\overline{X}}} > \dfrac{1}{\sqrt{2\alpha}}$ |
| | $H_1: \mu \neq \mu_0$ | $k = \dfrac{\bar{x} - \mu_0}{\sigma_{\overline{X}}} < -\dfrac{1}{\sqrt{\alpha}}$ ou $k = \dfrac{\bar{x} - \mu_0}{\sigma_{\overline{X}}} > \dfrac{1}{\sqrt{\alpha}}$ |

c) Lorsque l'échantillon est petit ($n < 30$) et que $\sigma$ est inconnu, nous utilisons la statistique $\dfrac{\overline{X} - \mu_0}{s_{\overline{X}}}$. Les valeurs critiques sont déterminées par l'inégalité de Bienaymé-Tchebychev.

| hypothèse nulle $H_0$ | hypothèse alternative $H_1$ | rejet de l'hypothèse $H_0$ si |
|---|---|---|
| $H_0: \mu = \mu_0$ | H1: $\mu < \mu_0$ | $k = \dfrac{\bar{x} - \mu_0}{s_{\overline{X}}} < -\dfrac{1}{\sqrt{2\alpha}}$ |
| | $H_1: \mu > \mu_0$ | $k = \dfrac{\bar{x} - \mu_0}{s_{\overline{X}}} > \dfrac{1}{\sqrt{2\alpha}}$ |
| | $H_1: \mu \neq \mu_0$ | $k = \dfrac{\bar{x} - \mu_0}{s_{\overline{X}}} < -\dfrac{1}{\sqrt{\alpha}}$ ou $k = \dfrac{\bar{x} - \mu_0}{s_{\overline{X}}} > \dfrac{1}{\sqrt{\alpha}}$ |

# *Exercices*

**54. Sur une boîte d'allumettes on peut lire : « Contient en moyenne 48 allumettes ». Pour contrôler le fonctionnement d'un automate, on a prélevé un échantillon de 100 boîtes et on a obtenu une moyenne de 47,59 allumettes et un écart-type de 0,58. En utilisant un risque d'erreur de 1 %, vérifier si l'automate fonctionne bien.**

## SOLUTION ET RÉPONSE

Étape 1 : formulation des hypothèses

L'hypothèse nulle est

$H_0: \mu = 48$.

Pour une seule hypothèse nulle $H_0: \mu = \mu_0$, on peut avoir trois hypothèses alternatives différentes :

$H_1: \mu < \mu_0 \qquad H_1: \mu > \mu_0 \qquad H_1: \mu \neq \mu_0$

Cependant, la moyenne de l'échantillon étant plus petite que celle indiquée sur la boîte, nous utilisons le test unilatéral à gauche. L'hypothèse alternative est donc $H_1: \mu < 48$.

Étape 2 : choix de la statistique

Les conditions du problème sont les suivantes :

· La normalité de la distribution ne peut pas être supposée;

· L'échantillon est grand $(n > 30)$;

· L'écart-type $\sigma$ de la population n'est pas connu.

Ces conditions correspondent au cas 2 *a)*, où nous utilisons la même statistique que celle du cas 1 *b)*, soit

$$Z = \frac{\overline{X} - \mu_0}{s_{\overline{X}}} \; .$$

Étape 3 : Détermination du risque d'erreur $\alpha$ et de la valeur critique $z_\alpha$

Un risque d'erreur de 1 % détermine la valeur de $\alpha = 0,01$. Dans la table de distribution normale, nous trouvons $z_{0,01} = 2,33$, c'est-à-dire la valeur qui satisfait à l'égalité

$P(Z > z_{0,01}) = 0,01$ (comparer avec l'exercice 40 du chapitre IV).

Pour un test unilatéral à gauche, les régions du rejet et de l'acceptation de l'hypothèse nulle sont :

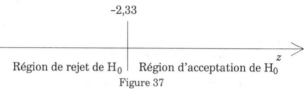

Figure 37

Étape 4 : calcul de la valeur prise par la statistique du test

La valeur de la variable Z prise dans l'échantillon est

$$z = \frac{47,59 - 48}{0,58 \Big/ \sqrt{100}} \approx -7,07$$

Étape 5 : prise de décision

Puisque la valeur de la statistique du test prise dans l'échantillon ($z = -7,07$) est dans la région de rejet ($-7,07 < -2,33$), l'hypothèse $H_0$ ne peut pas être acceptée. Cela signifie que le nombre moyen d'allumettes dans les boîtes remplies par cet automate est inférieur à celui indiqué sur la boîte. Donc, la machine fonctionne mal.

**55.** **Dans un hôpital, la pression artérielle moyenne de 5 personnes choisies au hasard parmi les 50 patients qui souffrent d'une maladie est $\bar{x} = 136$ (dans les unités appropriées), et l'écart-type de cet échantillon est 15. Avec un risque d'erreur de 5 %, doit-on accepter l'hypothèse selon laquelle la tension moyenne de ce groupe est plus élevée que la tension normale de 120?**

**SOLUTION ET RÉPONSE**

Étape 1 : formulation des hypothèses

Hypothèse nulle $H_0$: $\mu = 120$

Hypothèse alternative $H_1$: $\mu > 120$

Étape 2 : choix de la statistique du test

Nous ne pouvons pas supposer la normalité de la distribution. De plus, l'échantillon est petit ($n < 30$), et l'écart-type $\sigma$ n'est pas connu. Ces conditions correspondent au cas 2 c), où nous utilisons la statistique $\dfrac{\overline{X} - \mu_0}{s_{\overline{X}}}$ , et les valeurs critiques sont déterminées par l'inégalité de Bienaymé-Tchebychev.

Étape 3 : détermination du risque d'erreur $\alpha$ et de la valeur critique

Le risque d'erreur est de 5 %, alors $\alpha = 0{,}05$.

Étant donné que le test est unilatéral, nous trouvons la valeur critique à l'aide de l'équation

$$2\alpha = \frac{1}{k^2} \, ,$$

d'où $k = \pm \dfrac{1}{\sqrt{2\alpha}}$ .

Pour $\alpha = 0{,}05$, nous avons

$$\frac{1}{\sqrt{2\alpha}} = \frac{1}{\sqrt{0{,}1}} \approx 3{,}16 \, .$$

Nous ne retenons que la valeur positive, car il s'agit d'un test unilatéral à droite.

Pour un test unilatéral à droite, les régions de rejet et d'acceptation de l'hypothèse nulle sont :

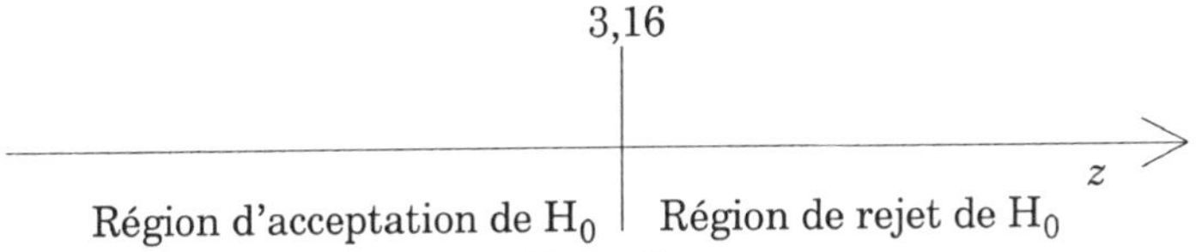

3,16

$z$

Région d'acceptation de $H_0$ | Région de rejet de $H_0$

Figure 38

Étape 4 : calcul de la valeur prise par la statistique du test

Cherchons d'abord la valeur estimée de l'écart-type. Dans le cas d'un échantillon tiré sans remise d'une population finie, nous calculons la valeur de $s_{\overline{X}}$ à l'aide de la formule

$$s_X = \frac{s}{\sqrt{n}} \sqrt{\frac{N-n}{N-1}} = \frac{15}{\sqrt{5}} \sqrt{\frac{50-5}{50-1}} \approx 6{,}43 \, .$$

Ensuite, nous calculons

$$k = \frac{\bar{x} - \mu_0}{s_{\bar{X}}} = \frac{136 - 120}{6,43} \approx 2,49.$$

Étape 5 : prise de décision

La valeur de $k$ est située dans la région d'acceptation de $H_0$ (2,49 < 3,16). Cela signifie qu'avec un risque d'erreur de 5 % la tension moyenne des patients de cet hôpital ne dépasse pas de façon significative celle de 120.

# TEST D'HYPOTHÈSE SUR LA DIFFÉRENCE DE DEUX MOYENNES

**2**

Soit deux populations distribuées normalement, $N(\mu_1, \sigma_1)$ $N(\mu_2, \sigma_2)$, représentées respectivement par deux échantillons indépendants de taille $n_1$ et $n_2$.

- **Test d'hypothèse sur la différence de deux moyennes**

Hypothèse nulle $H_0$: $\mu_1 - \mu_2 = d$.

Hypothèse alternative $H_1$: $\mu_1 - \mu_2 \neq d$, pour un test bilatéral ou

$H_1$: $\mu_1 - \mu_2 > d$, pour un test unilatéral à droite ou

$H_1$: $\mu_1 - \mu_2 < d$, pour un test unilatéral à gauche.

$1^{er}$ cas : si $\sigma_1$ et $\sigma_2$ sont connus et que les échantillons sont grands ($n_1 \geq 30$ et $n_2 \geq 30$), la statistique du test est

$$Z = \frac{\overline{X}_1 - \overline{X}_2 - (\mu_1 - \mu_2)}{\sqrt{\dfrac{\sigma_1^2}{n_1} + \dfrac{\sigma_2^2}{n_2}}}.$$

Cette statistique suit la loi normale $N(0, 1)$.

$2^e$ cas : si $\sigma_1$ et $\sigma_2$ sont inconnus et que les échantillons sont grands ($n_1 \geq 30$ et $n_2 \geq 30$), la statistique du test est

$$Z = \frac{\overline{X}_1 - \overline{X}_2 - (\mu_1 - \mu_2)}{\sqrt{\dfrac{s_1^2}{n_1} + \dfrac{s_2^2}{n_2}}}.$$

Cette statistique suit la loi normale $N(0, 1)$.

$3^e$ cas : si $\sigma_1$ et $\sigma_2$ sont inconnus et qu'au moins un échantillon est petit ($n_1 < 30$ ou $n_2 < 30$), la statistique du test est

$$T = \frac{\overline{X}_1 - \overline{X}_2 - (\mu_1 - \mu_2)}{\sqrt{s^2\left(\dfrac{1}{n_1} + \dfrac{1}{n_2}\right)}},$$

où

$$s^2 = \frac{(n_1 - 1)s_1^2 + (n_2 - 1)s_2^2}{n_1 + n_2 - 2}.$$

Cette statistique suit la loi de Student avec $\nu = n_1 + n_2 - 2$ degrés de liberté.

# Exercices

56. **Dans une expérience, on a étudié l'influence de deux produits (A et B) sur la concentration de sucre dans le sang en mg/L. Les résultats recueillis sont les suivants :**

| A | 52 55 62 71 48 43 54 46 59 72 |
|---|---|
| B | 54 47 34 41 52 52 49 40 35 44 |

**Y a-t-il une différence significative entre les concentrations de sucre dans le sang si on utilise les deux produits différents? Vérifier l'hypothèse avec un risque d'erreur de 5 %.**

### SOLUTION

Les étapes de ce test sont les suivantes :

Étape 1 : formulation des hypothèses

Hypothèse nulle $H_0$: $\mu_1 - \mu_2 = 0$, c'est-à-dire qu'il n'y a pas de différence significative entre les deux concentrations moyennes.

Hypothèse alternative $H_1$: $\mu_1 - \mu_2 \neq 0$.

Étape 2 : choix de la statistique

Les deux échantillons étant petits, nous utilisons la statistique

$$T = \frac{\overline{X}_1 - \overline{X}_2 - (\mu_1 - \mu_2)}{\sqrt{s^2\left(\dfrac{1}{n_1} + \dfrac{1}{n_2}\right)}},$$

où $s^2 = \dfrac{(n_1 - 1)s_1^2 + (n_2 - 1)s_2^2}{n_1 + n_2 - 2}$ et $\mu_1 - \mu_2 = 0$

qui suit une loi de Student avec $\nu = n_1 + n_2 - 2$ degrés de liberté.

Étape 3 : détermination du niveau de signification et des valeurs critiques

Le risque d'erreur est de 5 %, alors $\alpha = 0{,}05$.

Pour un test bilatéral, nous déterminons les valeurs critiques à l'aide de l'égalité

$$P\left(|T| > t_{\frac{\alpha}{2}}\right) = \alpha$$

qui est équivalente à

$$P\left(T \le t_{\frac{\alpha}{2}}\right) = 1 - \frac{\alpha}{2}.$$

Dans la table de distribution de Student à l'intersection de la colonne $A = 1 - \dfrac{\alpha}{2} = 1 - \dfrac{0{,}05}{2} = 0{,}975$ et de la ligne $\nu = n_1 + n_2 - 2 = 10 + 10 - 2 = 18$, nous trouvons la valeur $t = 2{,}101$. Pour un test bilatéral, les régions d'acceptation et de rejet de l'hypothèse nulle sont :

Figure 39

Étape 4 : calcul de la valeur prise par la statistique dans l'échantillon

Calculons d'abord les moyennes et les écarts-types dans les deux échantillons. Nous avons :

$\bar{x}_1 = 56,2$ , $\bar{x}_2 = 44,8$ , $s_1 = 9,89$ et $s_2 = 7,16$ .

Puis d'après la formule

$$s^2 = \frac{(n_1 - 1)s_1^2 + (n_2 - 1)s_2^2}{n_1 + n_2 - 2}$$

nous trouvons

$$s^2 = \frac{(10 - 1) \times 9,89^2 + (10 - 1) \times 7,16^2}{10 + 10 - 2} = 74,53885 .$$

Ensuite, nous calculons la valeur de la statistique T prise dans l'échantillon

$$T = \frac{56,2 - 44,8}{\sqrt{74,53885\left(\dfrac{1}{10} + \dfrac{1}{10}\right)}} \approx 2,95 .$$

Étape 5 : prise de décision

La valeur $t = 2,95$ se trouve dans la région de rejet de l'hypothèse $H_0$. Nous constatons alors que, avec un risque d'erreur de 5 %, la différence entre les deux concentrations est significative.

# TEST DE CONFORMITÉ

- **Loi du $\chi^2$**

  Une variable aléatoire continue suit la loi du $\chi^2$ si sa densité de probabilité est donnée par

  $$f(x) = \begin{cases} \dfrac{1}{\Gamma\left(\dfrac{\nu}{2}\right) \times 2^{\frac{\nu}{2}}} x^{\frac{\nu}{2} - 1} e^{-\frac{x}{2}} & \text{si } x > 0 \\[4mm] 0 & \text{si } x \leq 0 \end{cases}$$

  où $\Gamma\left(\dfrac{\nu}{2}\right)$ est la valeur de la fonction gamma définie par

  $$\Gamma(\alpha) = \int_0^\infty t^{\alpha - 1} e^{-t} dt$$

  et où $\nu$ est le nombre de degrés de liberté.

- **Test de conformité**

  Soit une expérience aléatoire qui donne lieu à $k$ événements pour lesquels on observe les effectifs $f_{o_1}, f_{o_2}, ..., f_{o_k}$. Soit $f_{t_1}, f_{t_2}, ..., f_{t_k}$ les effectifs théoriques de ces événements.

  Les étapes du test de conformité sont les suivantes:

  Étape 1 : formulation de l'hypothèse nulle et de l'hypothèse alternative

  $H_0$: il y a conformité entre la distribution expérimentale et la distribution théorique.

  $H_1$: il n'y a pas de conformité.

  Étape 2 : choix de la statistique du test

  Nous utilisons la statistique $\chi^2$ avec $\nu = k - m - 1$ degrés de liberté, où $m$ est le nombre de paramètres de la distribution théorique qu'il faut estimer à partir de l'échantillon.

Étape 3 : choix du niveau de signification $\alpha$ et détermination de la valeur critique $\chi_\alpha^2$

Étape 4 : calcul de la valeur de la statistique $\chi^2$ prise dans l'échantillon

À partir des effectifs observés et théoriques, nous calculons la somme

$$\chi_0^2 = \frac{\left(f_{o_1} - f_{t_1}\right)}{f_{t_1}} + \frac{\left(f_{o_2} - f_{t_2}\right)}{f_{t_2}} + \ldots + \frac{\left(f_{o_k} - f_{t_k}\right)}{f_{t_k}}$$

qui est la valeur de la statistique $\chi^2$ avec $\nu = k - m - 1$ nombre de degrés de liberté.

Étape 5 : prise de position

Si $\chi_0^2 \leq \chi_\alpha^2$, nous acceptons l'hypothèse $H_0$ par contre

si $\chi_0^2 \geq \chi_\alpha^2$, l'hypothèse doit être rejetée.

# Exercices

**57.** Un statisticien anglais a réalisé une expérience ayant pour but de vérifier l'hypothèse qu'en lançant une pièce de monnaie la probabilité d'avoir le côté face est égale à $p = 1/2$. Il a lancé 4 040 fois la pièce de monnaie et il a obtenu 2 048 fois face. Vérifier si les effectifs observés étaient conformes aux effectifs théoriques avec un risque d'erreur de 1 %.

**SOLUTION**

On lance une pièce de monnaie $n = 4\ 040$ fois. Cette expérience donne lieu à deux événements :

$E_1$: « obtenir le côté face »;

$E_2$: « obtenir le côté pile ».

Nous avons $p(E_1) = p(E_2) = \dfrac{1}{2}$. C'est une expérience binomiale, et la variable aléatoire X qui représente le nombre de succès dans cette expérience est la variable binomiale. Les effectifs théoriques sont alors

$$f_{t_1} = f_{t_2} = np = \frac{1}{2} \times 4\,040 = 2\,020 .$$

Le tableau suivant peut être utile aux étapes du test.

| effectifs événement | observés | théoriques |
|---|---|---|
| E$_1$: « avoir le côté face » | 2 048 | 2 020 |
| E$_2$: « avoir le côté pile » | 1 992 | 2 020 |

Les étapes du test sont les suisvantes :

Étape 1 : formulation des hypothèses

Hypothèse nulle $H_0$: il y a conformité entre la distribution expérimentale et la distribution théorique.

Hypothèse alternative $H_1$: il n'y a pas de conformité.

Étape 2 : choix de la statistique

L'expérience donne lieu à $k = 2$ événements, et le nombre de paramètres à estimer à partir de l'échantillon est $m = 0$. Nous utilisons alors la statistique $\chi^2$ avec $\nu = 2 - 0 - 1 = 1$ degré de liberté.

Étape 3 : choix du niveau de signification et détermination de la valeur critique

Le risque d'erreur étant de 1 %, nous avons $\alpha = 0,01$. Dans la table de distribution $\chi^2$, nous cherchons la valeur critique $\chi_\alpha{}^2$ à l'intersection de la ligne $\nu = 1$ avec la colonne $A = 1 - \alpha = 1 - 0,01 = 0,99$ (voir figure 40)

Nous trouvons
$\chi^2 = 6,635.$

Étape 4 : calcul de la valeur $\chi_0{}^2$

La valeur de la statistique prise dans l'échantillon est calculée à l'aide de la formule

$$\chi_0^2 = \frac{\left(f_{o_1} - f_{t_1}\right)^2}{f_{t_1}} + \frac{\left(f_{o_2} - f_{t_2}\right)^2}{f_{t_2}} .$$

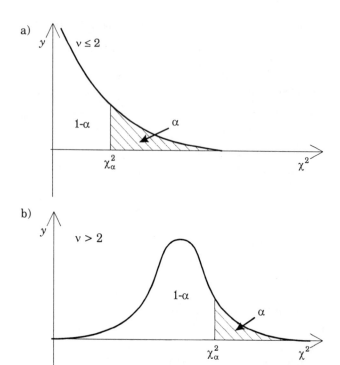

Figure 40

Nous obtenons

$$\chi_0^2 = \frac{\left(2\,048 - 2\,020\right)^2}{2\,020} + \frac{\left(1\,992 - 2\,020\right)^2}{2\,020} \approx 0,776\,2 \ .$$

Étape 5 : prise de décision

Puisque la valeur de la statistique du test prise dans l'échantillon est dans la région d'acceptation de l'hypothèse $H_0$ (0,7762 < 6,635), nous pouvons dire avec un risque d'erreur de 1 % que la distribution expérimentale ne diffère pas de façon significative de la distribution théorique

58. **Le tableau suivant illustre la répartition de 158 élèves du collégial selon la note qu'ils ont obtenue lors du premier test d'un cours.**

| note sur 100 | nombre d'élèves |
|:---:|:---:|
| [40, 50[ | 6 |
| [50, 60[ | 21 |
| [60, 70[ | 74 |
| [70, 80[ | 32 |
| [80, 90[ | 17 |
| [90, 100] | 8 |

**Est-ce que cette distribution est conforme à une distribution normale? Vérifier l'hypothèse avec un niveau de signification $\alpha = 0,05$.**

**SOLUTION**

Nous trouverons les effectifs théoriques à l'aide de la table de loi normale centrée réduite. Il faut donc transformer les limites des classes en limites centrées réduites à l'aide de la formule

$$z_i = \frac{x_i - \bar{x}}{s},$$

où $\bar{x}$ et $s$ sont les valeurs estimées à partir de l'échantillon de la moyenne et de l'écart-type.

Nous obtenons (comparer avec les exercices 46 *c)* et *d)* du chapitre V) :

$\bar{x} \approx 68,6, \quad s \approx 11,2$.

La loi normale étant une loi continue définie de $-\infty$ à $+\infty$, nous laissons les deux classes extrêmes ouvertes.

À titre d'exemple, les limites de la première classe sont
limite gauche : $-\infty$

limite droite : $\dfrac{50 - 68,6}{11,2} \approx -1,66$.

La probabilité hypothétique d'être dans cette classe est (comparer avec l'exercice 39 du chapitre IV)

$P(Z < -1,66) = 0,5 - \Phi_0(1,66) = 0,0485$.

Cela signifie que 4,85 % des élèves ont obtenu une note inférieure à 50 %. Nous trouvons donc
$f_{t_1} = 158 \times 0,0485 = 7,663$.

De façon similaire, nous calculons les effectifs théoriques correspondant aux cinq autres classes. Nous obtenons :

| note sur 100 | limites centrées réduites | probabilité d'être dans la classe | effectifs observés | effectifs théoriques |
|---|---|---|---|---|
| [40, 50[ | $-\infty; -1,66[$ | 0,0485 | 6 | 7,663 |
| [50, 60[ | $[-1,66; -0,77[$ | 0,1721 | 21 | 27,1918 |
| [60, 70[ | $[-0,77; 0,125[$ | 0,32915 | 74 | 52,0057 |
| [70, 80[ | $[0,125; 1,02[$ | 0,29635 | 32 | 46,8233 |
| [80, 90[ | $[1,02; 1,91[$ | 0,1258 | 17 | 19,8764 |
| [90, 100] | $[1,91; +\infty$ | 0,0281 | 8 | 4,4398 |

Les étapes du test sont les suivantes :

Étape 1 : formulation des hypothèses

Hypothèse nulle $H_0$: il y a conformité entre la distribution expérimentale et la distribution théorique.

Hypothèse alternative $H_1$: il n'y a pas de conformité.

Étape 2 : choix de la statistique

Nous avons $k = 6$ classes et nous avons estimé deux paramètres à partir de l'échantillon; alors le nombre de degrés de liberté est

$v = k - m - 1 = 6 - 2 - 1 = 3$.

Étape 3 : choix du niveau de signification et détermination de la valeur critique

Nous vérifions l'hypothèse à un niveau $\alpha = 0,05$. Dans la table de distribution $\chi^2$, nous cherchons la valeur critique $\chi_\alpha^2$ à l'intersection de la ligne $\nu = 3$ avec la colonne $A = 1 - \alpha = 1 - 0,05 = 0,95$. Nous obtenons $\chi_\alpha^2 = 7,815$.

Étape 4 : calcul de la valeur $\chi_0^2$

La valeur de la statistique prise dans l'échantillon est calculée à l'aide de la formule

$$\chi_0^2 = \frac{\left(f_{o_1} - f_{t_1}\right)}{f_{t_1}} + \frac{\left(f_{o_2} - f_{t_2}\right)}{f_{t_2}} + \ldots + \frac{\left(f_{o_k} - f_{t_k}\right)}{f_{t_k}}.$$

Nous obtenons

$$\chi_0^2 = \frac{\left(6 - 7,663\right)^2}{7,663} + \frac{\left(21 - 27,1918\right)^2}{27,1918} + \frac{\left(74 - 52,0057\right)^2}{52,0057}$$

$$+ \frac{\left(32 - 46,8233\right)^2}{46,8233} + \frac{\left(17 - 19,8764\right)^2}{19,8764} + \frac{\left(8 - 4,4398\right)^2}{4,4398} \approx 19,04.$$

Étape 5 : prise de décision

Puisque la valeur de la statistique du test prise dans l'échantillon est dans la région de rejet de l'hypothèse $H_0$ ($19,06 > 7,815$), nous pouvons dire qu'au niveau de signification $\alpha = 0,05$ la distribution expérimentale diffère de façon significative de la distribution normale.

# Annexe

# Table 1. Loi normale centrée réduite

$$\Phi_0(z) = \int_0^z \frac{1}{\sqrt{2\pi}} e^{-\frac{z^2}{2}} dz$$

| z | 0,00 | 0,01 | 0,02 | 0,03 | 0,04 | 0,05 | 0,06 | 0,07 | 0,08 | 0,09 |
|---|------|------|------|------|------|------|------|------|------|------|
| 0,0 | 0,0000 | 0,0040 | 0,0080 | 0,0120 | 0,0160 | 0,0199 | 0,0239 | 0,0279 | 0,0319 | 0,0359 |
| 0,1 | 0,0398 | 0,0438 | 0,0478 | 0,0517 | 0,0557 | 0,0596 | 0,0636 | 0,0675 | 0,0714 | 0,0753 |
| 0,2 | 0,0793 | 0,0832 | 0,0871 | 0,0910 | 0,0948 | 0,0987 | 0,1026 | 0,1064 | 0,1103 | 0,1141 |
| 0,3 | 0,1179 | 0,1217 | 0,1255 | 0,1293 | 0,1331 | 0,1368 | 0,1406 | 0,1443 | 0,1480 | 0,1517 |
| 0,4 | 0,1554 | 0,1591 | 0,1628 | 0,1664 | 0,1700 | 0,1736 | 0,1772 | 0,1808 | 0,1844 | 0,1879 |
| 0,5 | 0,1915 | 0,1950 | 0,1985 | 0,2019 | 0,2054 | 0,2088 | 0,2123 | 0,2157 | 0,2190 | 0,2224 |
| 0,6 | 0,2257 | 0,2291 | 0,2324 | 0,2357 | 0,2389 | 0,2422 | 0,2454 | 0,2486 | 0,2517 | 0,2549 |
| 0,7 | 0,2580 | 0,2611 | 0,2642 | 0,2673 | 0,2703 | 0,2734 | 0,2764 | 0,2794 | 0,2823 | 0,2852 |
| 0,8 | 0,2881 | 0,2910 | 0,2939 | 0,2967 | 0,2995 | 0,3023 | 0,3051 | 0,3078 | 0,3106 | 0,3133 |
| 0,9 | 0,3159 | 0,3186 | 0,3212 | 0,3238 | 0,3264 | 0,3289 | 0,3315 | 0,3340 | 0,3365 | 0,3389 |
| 1,0 | 0,3413 | 0,3438 | 0,3461 | 0,3485 | 0,3508 | 0,3531 | 0,3554 | 0,3577 | 0,3599 | 0,3621 |
| 1,1 | 0,3643 | 0,3665 | 0,3686 | 0,3708 | 0,3729 | 0,3749 | 0,3770 | 0,3790 | 0,3810 | 0,3830 |
| 1,2 | 0,3849 | 0,3869 | 0,3888 | 0,3907 | 0,3925 | 0,3944 | 0,3962 | 0,3980 | 0,3997 | 0,4015 |
| 1,3 | 0,4032 | 0,4049 | 0,4066 | 0,4082 | 0,4099 | 0,4115 | 0,4131 | 0,4147 | 0,4162 | 0,4177 |
| 1,4 | 0,4192 | 0,4207 | 0,4222 | 0,4236 | 0,4251 | 0,4265 | 0,4279 | 0,4292 | 0,4306 | 0,4319 |
| 1,5 | 0,4332 | 0,4345 | 0,4357 | 0,4370 | 0,4382 | 0,4394 | 0,4406 | 0,4418 | 0,4429 | 0,4441 |
| 1,6 | 0,4452 | 0,4463 | 0,4474 | 0,4484 | 0,4495 | 0,4505 | 0,4515 | 0,4525 | 0,4535 | 0,4545 |
| 1,7 | 0,4554 | 0,4564 | 0,4573 | 0,4582 | 0,4591 | 0,4599 | 0,4608 | 0,4616 | 0,4625 | 0,4633 |
| 1,8 | 0,4641 | 0,4649 | 0,4656 | 0,4664 | 0,4671 | 0,4678 | 0,4686 | 0,4693 | 0,4699 | 0,4702 |
| 1,9 | 0,4713 | 0,4719 | 0,4726 | 0,4732 | 0,4738 | 0,4744 | 0,4750 | 0,4756 | 0,4761 | 0,4767 |
| 2,0 | 0,4772 | 0,4778 | 0,4783 | 0,4788 | 0,4793 | 0,4798 | 0,4803 | 0,4808 | 0,4812 | 0,4817 |
| 2,1 | 0,4821 | 0,4826 | 0,4830 | 0,4834 | 0,4838 | 0,4842 | 0,4846 | 0,4850 | 0,4854 | 0,4857 |
| 2,2 | 0,4861 | 0,4864 | 0,4868 | 0,4871 | 0,4875 | 0,4878 | 0,4881 | 0,4884 | 0,4887 | 0,4890 |
| 2,3 | 0,4893 | 0,4896 | 0,4898 | 0,4901 | 0,4904 | 0,4906 | 0,4909 | 0,4911 | 0,4913 | 0,4916 |
| 2,4 | 0,4918 | 0,4920 | 0,4922 | 0,4925 | 0,3927 | 0,4929 | 0,4931 | 0,4932 | 0,4934 | 0,4936 |
| 2,5 | 0,4938 | 0,4940 | 0,4941 | 0,4943 | 0,4945 | 0,4946 | 0,4948 | 0,4949 | 0,4951 | 0,4952 |
| 2,6 | 0,4953 | 0,4955 | 0,4956 | 0,4957 | 0,4959 | 0,4960 | 0,4961 | 0,4962 | 0,4963 | 0,4964 |
| 2,7 | 0,4965 | 0,4966 | 0,4967 | 0,4968 | 0,4969 | 0,4970 | 0,4971 | 0,4972 | 0,4973 | 0,4974 |
| 2,8 | 0,4974 | 0,4975 | 0,4976 | 0,4977 | 0,4977 | 0,4978 | 0,4979 | 0,4979 | 0,4980 | 0,4981 |
| 2,9 | 0,4981 | 0,4982 | 0,4982 | 0,4983 | 0,4984 | 0,4984 | 0,4985 | 0,4985 | 0,4986 | 0,4986 |
| 3,0 | 0,4987 | 0,4987 | 0,4987 | 0,4988 | 0,4988 | 0,4989 | 0,4989 | 0,4989 | 0,4990 | 0,4990 |
| 3,1 | 0,4990 | 0,4991 | 0,4991 | 0,4991 | 0,4992 | 0,4992 | 0,4992 | 0,4992 | 0,4993 | 0,4993 |
| 3,2 | 0,4993 | 0,4993 | 0,4994 | 0,4994 | 0,4994 | 0,4994 | 0,4994 | 0,4995 | 0,4995 | 0,4995 |
| 3,3 | 0,4995 | 0,4995 | 0,4995 | 0,4996 | 0,4996 | 0,4996 | 0,4996 | 0,4996 | 0,4996 | 0,4997 |
| 3,4 | 0,4997 | 0,4997 | 0,4997 | 0,4997 | 0,4997 | 0,4997 | 0,4997 | 0,4997 | 0,4997 | 0,4998 |
| 3,5 | 0,4998 | 0,4998 | 0,4998 | 0,4998 | 0,4998 | 0,4998 | 0,4998 | 0,4998 | 0,4998 | 0,4998 |
| 3,6 | 0,4998 | 0,4998 | 0,4999 | 0,4999 | 0,4999 | 0,4999 | 0,4999 | 0,4999 | 0,4999 | 0,4999 |
| 3,7 | 0,4999 | 0,4999 | 0,4999 | 0,4999 | 0,4999 | 0,4999 | 0,4999 | 0,4999 | 0,4999 | 0,4999 |
| 3,8 | 0,4999 | 0,4999 | 0,4999 | 0,4999 | 0,4999 | 0,4999 | 0,4999 | 0,4999 | 0,4999 | 0,4999 |
| 3,9 | 0,5000 | 0,5000 | 0,5000 | 0,5000 | 0,5000 | 0,5000 | 0,5000 | 0,5000 | 0,5000 | 0,5000 |

## Table 2. Nombres aléatoires

| | | | | | | | | | | | | | | | | | | | |
|---|---|---|---|---|---|---|---|---|---|---|---|---|---|---|---|---|---|---|---|
| 03 | 47 | 43 | 73 | 86 | 36 | 96 | 47 | 36 | 61 | 46 | 98 | 63 | 71 | 62 | 33 | 26 | 16 | 80 | 45 | 60 | 11 | 14 | 10 | 95 |
| 97 | 74 | 24 | 67 | 62 | 42 | 81 | 14 | 57 | 20 | 42 | 53 | 32 | 37 | 32 | 27 | 07 | 36 | 07 | 51 | 24 | 51 | 79 | 89 | 73 |
| 16 | 76 | 62 | 27 | 66 | 56 | 50 | 26 | 71 | 07 | 32 | 90 | 79 | 78 | 53 | 13 | 55 | 38 | 58 | 59 | 88 | 97 | 54 | 14 | 10 |
| 12 | 56 | 85 | 99 | 26 | 96 | 96 | 68 | 27 | 31 | 05 | 03 | 72 | 93 | 15 | 57 | 12 | 10 | 14 | 21 | 88 | 26 | 49 | 81 | 76 |
| 55 | 59 | 56 | 35 | 64 | 38 | 54 | 82 | 46 | 22 | 31 | 62 | 43 | 09 | 90 | 06 | 18 | 44 | 32 | 53 | 28 | 83 | 01 | 30 | 30 |

## Dans la même collection

**Secondaire**
Pour réussir  Biologie 314
Pour réussir  Chimie 534
Pour réussir  Français 560
Pour réussir  Histoire 414
Pour réussir  Physique 534
Pour réussir  Sciences physiques 416-436

**Collégial**
Pour réussir  Math 103
Pour réussir  Math 105
Pour réussir  Math 203
Pour réussir  Math 307-337
Pour réussir  Histoire 330-910
Pour réussir  Histoire 331-951
Pour réussir  Histoire 330-961

**Collégial et universitaire**
Pour réussir  L'épreuve uniforme de français
Pour réussir  Un texte argumentatif

**Universitaire**
Pour réussir  Math 305